有田芳生

何が来たって驚かねえ!

大震災の現場を歩く

駿河台出版社

場

はじめに

忘れえぬものを記憶するために

「原発震災」という言葉を創造したのは石橋克彦さん（神戸大学名誉教授）だ。大地震がやってくれば原子力発電所にも大きな被害が生じると実体を理論で鋭く分析してきた。残念ながらその貴重な現実的分析は結果的に国政に生かされることなく、事故が起きてしまった。

「3・11」について数多くの書籍が著されているが、文章（言葉）は私たちの認識に働きかけ、どれほど現実を動かすことができるのか。読者の行動が行政や政治を動かす力になりうるかどうかが「原発震災状況」で持続的に問われている。もちろん「読者」のなかには実際に民意を反映すべき地方議員、国会議員、メディアで働く者たちもふくまれている。「思想は冷凍保存できない」という哲学者の古在由重さんの問いかけは、現実という固い岩盤を穿《うが》つのが思想の責任だということであろう。「思想する」力である。それは言葉で表現される。

私にとって刺激的だったのは20歳代の開沼博さんが書いた『「フクシマ」論　原子力ムラはなぜ生まれたのか』（青土社）である。大震災と原発事故が起きる前に書いていた原稿をふくめ、軽快なフィールドワークによって、なぜ住民が原子力発電所を認めてきたかが証言とともに明かされていく。しかし私が心に刻まれたのは、「3・11」までに福島第一原発は、地元メディアと地元民以外には存在していなかったという指摘である。問題が存在するにもかかわらず、眼に見える事態が生じなければ「存在しない」。開沼さんは原発事故で明らかになった深刻な諸問題が忘れられるのではないかと危惧している。「あったこと」が忘れられるのではない。やがて時間の経過とともに重要な問題が風化していくのではないか。そうした恐れだ。

「3・11」が起きた2011年はオウム裁判が終結した年でもある（注）。1995年3月20日に発生した地下鉄サリン事件から16年半ほどの時間が過ぎていった。本来なら100年もかけてなぜ起きたかを検証しなければならないほどの大事件であったにもかかわらず、裁判のみに焦点が絞られることで、多くの課題はあっという間に揮発していった。なぜ若者たちがカルト（熱狂集団）に魅かれたのか。具体的には社会変革を求め、自らの身体の回復と健康を求めた者たちが、人生の隘路《あいろ》でカルト宗教に入り込んでいった。その原因を社会的に解決しないまま17年目の日々が続いている。「オウム的状況」はいまも社会に息づいたままなのである。私たちは「忘れやすい」民族なのだ。

あの年に私は文芸誌「すばる」（8月号）で作家の久間十義さん、藤原智美さんと語り合った（『「サリン」を超えて』）。そこでは評論家の柄谷行人さんが「群像」新人賞の選評で「地震やオウムの後では昨年書かれたものの多くは空疎に見える」と語ったことや、三島賞の選考で江藤淳さんが「オウム事件の強烈さに匹敵し得るだろうか」と問いかけたことが紹介された。

いままた大震災を経験した私たちは、同じような言葉をあちこちで見かけることになった。ことは文学界だけの問題ではない。オウム事件と根源的に異なるのは、直接的経験者の人数である。テレビ映像を通じての「疑似体験」では共通しても、地震、津波、原発事故の影響はオウム事件よりも遥かに直接的に私たちの価値観、世界観に問いかけてきた。しかしだからといって風化しないと言い切れるのか。２０１１年3月11日以降に生きている私たち一人ひとりの課題である。

本書は大震災が発生してから現地を歩き、考え、行動してきた独りの国会議員にして取材者のリポートである。本書が出ることをきっかけに写真家の藤原新也さんと「東日本複合災害と日本人」と題したトークショーを行う。日本で起きた「原発震災」は世界に問題を投げかけ、人類のこれからの方向にも、つまりは私たちの生活スタイルそのものにも深い影響を与え続ける。

私は国会で採決された原子力協定に賛成せず棄権した。ベトナムやヨルダンなどに原発を輸出することは歴史に対する責任から行うべきではないと判断したからである。いずれ世界の原発は廃炉に向かう。そうした時代にあって日本がなすべきことは「廃炉技術」や「除染技術」の輸出である。21世紀の世界を規定するほどの災害を起こした日本人として、何をなすべきか。私はこれからも自分の持ち場から行動し、思案し、行動していく。多くの被災者が「一人から」歩きはじめたことにも学びながらである。

被災地を歩くことは、さまざまな人の地震、津波経験を聞くことでもあった。なかでもとくに印象に残っているのは3代目の漁師の言葉である。家族を逃がしてからたった独りで船に乗り込み、沖に向かっていった。そうしなければ大津波で船が破壊されるからだ。やがて向こうから「壁」のような波が襲ってきた。「これで決まった」と脳裏に言葉が浮かぶ。死の「決定」を覚悟した漁師の名前は吉田日出男さん。津波を乗り越えたときに何を思ったかを訊ねたことがある。まず浮かんだ思いは「助かった」。次に「家族は大丈夫か」。翌日無事を確認して思ったことは「もう何が来たって驚かねえ！　頑張っぺ」だという。生き延びた多くの被災者が未来の暮らしに向けて秘めた志だろう。「何が来たって驚かねえ！」。本書のタイトルに吉田さんの相馬弁を使わせていただいた理由だ。私たちはこれからも定期的に被災地に向かうだろう。一人の人間になしうることには限界がある。しかし一人が一人と結びつくことで力は増していく。もういちど「しかし」だ。まずは一人から行動していくことである。私もまた単独者として進んでいく。

2012年1月3日　　有田芳生

(注) 2012年元旦。特別手配中の平田信が出頭、逮捕された。そのためオウム裁判はさらに続くことになる。

目次

写真／有田芳生（クレジットのないもの）　協力／河北新報

第1章

被災地を歩く、見る、聞く

●藤原新也さんからのアドバイス

大震災が発生した2011年3月11日の夜、東京・永田町にある国会議員会館の自室に泊まり込んでいた私は、強い余震の連続にほとんど眠ることができなかった。翌朝になり、会館を出て神保町で用事を済ませると東銀座へ向かった。ある画廊で開かれていた『藤原新也の写真と書展「死ぬな生きろ」』に顔を出すためである。会場入り口に行くと藤原さんとばったり出会った。「死ぬな生きろ」とはまさしく大震災直後にふさわしい言葉でもあった。ひと通り展示を見た後で、藤原さんと昼食に出かけた。

私が最初に藤原さんの文章を読んだのは『東京漂流』である。とくに印象に残ったのは1980年に起きた金属バット一家殺人事件の分析だ。浪人中の子供に殺された一家が住んでいた家の写真と、数年後にそれが取り壊されて更地になった写真に藤原さんの文章が添えられていた。優れた写真と時代に深く食い込んだ文章。私にとっては辺見庸《へんみよう》さんに重なる思想的文体である。

藤原さんはイラク戦争反対のスタンスで書かれたブログを2002年に『空から恥が降る』という本にまとめた。文庫本になるとき、私に解説原稿の依頼があった。そんな交流があったものの直接お会いするのはせいぜい藤原さんのサイン会で短い立ち話をするくらいだった。

国会を生活の基本とするようになった私にとって、「永田町言葉」とでも名付けたい常《じょう》套句《とうく》の貧困さには嫌悪感を覚えていた。そんな思いを強くしていたものだから、人間と人間を結びつけ、現実を深く分析する「道具」でもある言葉についてとても敏感になっていた。

そこに東日本大震災が襲った。この歴史的事態を表現するのもつまるところ言葉である。そんな問題関心があったものだから、藤原さんには言葉がいかに生まれてくるかをお聞きした。藤原さんの著書『メメント・モリ』には「ニンゲンは犬に食われるほど自由だ」という衝撃的なフレーズと写真が掲載されている。どこから深くユニークな言葉群が生まれてくるのか。私は藤原さんからその秘密を聞きたかった。『メメント・モリ』の場合、24時間という制約をつけて、写真を1枚1枚見つめながら口にしたものを編集者が記録していったという。

思想的な藤原さんの文章。それは考え抜き、推敲されて紡ぎ出されたものではなかった。「それじゃあダメなんです」とも言われた。身体の奥深くから自ら湧き上がってくるもの。魂の言葉化。「言葉は精神そのもの」（井上ひさし）なのである。

震災に関して「この事態をいくら分析しても虚しい」という言葉にも共感した。まだ原発震災の重大性が明らかになっていない地震翌日の発言である。なぜ地震が起きたのか、大津波はいかに発生したかといくら議論してもはじまらない。重要なことは政治と行政が被災者の歴史的困難を少しでも減らすことであり、表現者としては陳腐化した言葉ではなく、新しい事態に深く食い込む認識を示すことである。

藤原さんは数日して被災地に入った。現地からの生々しい報告は毎日のようにブログで公開されていった。藤原さんへのメールに私はこう書いた。

〈藤原新也様　現地。お疲れさまでした。「円顔」を手にした女の子を見て、こちらが励まされ、同時に「このこどもたち」の今日から未来に向けての日本への責任を感じております。諸事いろいろ。ようやく現地に向います。「書」のアドバイス。よろしくお願いいたします。　有田芳生〉

「円顔」とは藤原さんが描く子供の顔で、「えんがん」と読む。藤原さんは書の分野でも創造的な方法を切り拓いていた。その成果は『書行無常』（集英社）にまとめられているが、そこにも被災地で描いた子供たちの「円顔」が収録されている。

藤原さんからはこんな返事が来た。

〈有田芳生さま　そうですか、行かれますか。あの現場見なくしてこれからの時代の政治は出来ません。菅さんのようにヘリコプターなぞに乗ってみる光景はテレビで見るのと同じですから行っても無意味です。これはなかなか難しいところですが、まず石巻、陸前高田など完膚なきまでに叩きのめされた場に赴き、その匂いを嗅ぎ、後にできれば避難所のようなところではなく、道行く人々に話を聞いてください。お気をつけて。私も個展の売り上げを持って再度向かうつもりです。　藤原新也〉

私はこのアドバイスに従った。政治に携わる者として、被災地の救援と復興に全力を尽くすことは当然の責務だ。しかし事実＝現場に立ち、全身の感覚を開いて、ひとりの人間存在として情況に身を置くことは、その大前提になるだろう。まさに「調査なくして発言権なし」。参議院選挙に向けた行動でも、あるいは国会という場に入ってからも、ずっと主張してきた方法である。ここにおいて藤原さんの具体的提案と私のスタイルがまったく一致した。

現地では偉い人に会うなどもアドバイスされた。偉い人、つまり町長などのトップが発言することは「整理された情報」である。多くの情報を整理してパターン化した情報、あるいは建前の情報しか出てこない場合がしばしばである。政治家にとって、あるいは表現者にとって必要な情報は「生《なま》もの」であって「干物《ひもの》」ではない。日々変化する現実に遅れることなく的確な対応を取らなければならない。

そのためにはまず現地に向かうことだ。被災地を歩くこと。歩けばいろいろのものが見えてくる。現場には予想外の現実が待ち受けているものだ。この眼で見、この耳で聞き、この鼻で臭いをかぎ、全感覚を開放してすべての現実に身体を浸すことである。私は現地入りの準備を進めた。

松栄
不動産

●ユニークな被災地訪問

「鍼灸治療はこちらで行っております」

手書きの案内が貼られたドアを押して、体を丸めるように年配の女性が集会所に入ってきた。体の状態を確認するようにぐっと後ろに反らせ、ゆっくり靴を脱ぐ。部屋の前に並べられた椅子にはすでに順番を待つ人たちが座って楽しげに話をしていた。「あれ、おばあちゃんの予約時間まであと2時間もあるよ」。予約表を見ながら有田事務所スタッフが声をかけると、この女性は「せいんだよ、しゃべっぱ待ってっぱせいべい。なんにもねえから」と口にした。この方言に周囲がどっと笑う。女性はいつしか順番を待つ人たちの話の輪に入っていた。

福島県相馬市。東日本大震災から半年以上たった10月16日の朝、私は仮設住宅の真ん中にある集会所にいた。ここでボランティアの鍼灸治療が行われていた。スタッフが数日前から現地に入り、自治会長たちと打ち合わせ、各戸に案内のチラシを配り参加の確認を取っていた。そのせいもあるだろう、仮設住宅に住む人たちが、予約の時間になると次々にやって来る。なかには私の顔を見るなり、「あいやー、おわの顔どっかで見たときあるな」と親しげに声をかけてくる人もいた。

私は前の夜遅くに新幹線で福島に入り、駅前のホテルで1泊。翌朝早くスタッフの車で1時間ほどかけて相馬市に着いた。東京の鍼灸師・竹村文近さんやそのお弟子さんなどと一緒で総勢11名。

相馬市は東京から常磐線1本で行ける場所だ。しかし、常磐線は津波で軌道や駅舎が流失して壊滅的な被害を受けたうえ、東京電力福島第一原子力発電所事故の影響で詳しい被害調査ができず、10月の段階ではまだ復旧していなかった。

この土地は福島県浜通りの北部に位置し、太平洋に面している。今回の地震で津波の被害をまともに受け、家が流され、漁港が壊され、400人を超す方が亡くなった。東京電力福島第一原子力発電所からの距離は40キロ。被害の甚大さから天皇皇后両陛下をはじめ内外のさまざまな人が被災地訪問をしてきた。11月18日には新婚のブータン国王夫妻が訪れ、市内を視察。ブータンから連れてきた数名の僧侶とともに祈りを捧げたことが大きく報道されたのは記憶に新しい。

仮設住宅は市内数カ所にありプレハブの平屋で長屋型。それが何列にも建てられている。入居しているのは震災で家を流された家族たちだ。私たちが訪れた北飯渕の仮設住宅は相馬市のグラウンドだった場所に建てられ、200世帯、約380人が暮らしている。

集会所も同じようなプレハブの造りで昼間はさまざまな集まりに使われ、夕方からは夕食の配給が行われる。今日の「集まり」は東京から来た鍼灸師一行によるボランティアの治療だ。

外には抜けるような秋の青空が広がっていた。敷地内には子供たちの無邪気に遊ぶ声が響く。あの震災が嘘のように穏やかな空気が流れていた。震災後、相馬市を訪ねるのは2回目で、1回目は5月15日。そのときから竹村さんのグループと一緒に被災地の訪問をはじめ、月に1回ほどのペースで宮城、福島を回っている。

●筋金入りの鍼灸治療ボランティアと一緒に

竹村さんは30年以上治療を続けている鍼灸の第一人者である。1回の治療で100本以上の鍼を「打っては抜く」を繰り返す治療法は驚異的な効果を上げ、各界人が患者として通っている。じつは私も竹村さんの患者の1人であり、5年ほど前から鍼灸治療を受けはじめた。当初は1週間に1回、いまは2週間にいちどのペースで通っている。

「有田さんが最初に私の治療院に来たときは腰と首の凝りが半端じゃなかったですよ。腰が悪いからひざにも大きな負担がかかって痛みが出ていたんですね」と竹村さんは言う。

当時の私はジャーナリストとして活動するほか、1995年から2007年まで続いた日本テレビ系の昼のワイドショー『ザ・ワイド』に月曜から金曜まで毎日コメンテーターとして出演していた。執筆も多く、座っている時間が非常に長いため、腰をやられていた。座りっぱなしは一見ラクに見えるから「筋肉を使っている」という自覚がない。知らないうちに血行が悪くなり、疲労物質がたまって腰の部分に大きなストレスがかかっていた。

衆議院選挙（2009年）に立候補する準備期間は、あまりにハードな毎日で鍼灸治療にはなかなか行けなくなり、症状を悪化させてしまった。左ひざに水がたまり、何度も病院に通わざるをえなかった。水を抜くのだが、すぐにたまってしまう。

鍼灸の治療を通じ、腰やひざの症状はずいぶん改善され、いまは体のメンテナンスのために通っている。鍼灸治療は対症療法としてもいいが、体の調子を整え健康を維持するのにもいい。鍼が体のなかに直接入って組織を目覚めさせ、体が本来持っている活力を引き出すからだ。その効果のほどは私もよくわかっている。

東日本大震災が発生してからというもの、竹村さんは被災地の状況をテレビで見つめ、現地に行った人の話を聞くにつけ、避難所生活をする被災地のみなさんの健康状態が気になって仕方がなくなった。あれだけ過酷な条件での暮らしを強いられていれば、きっと体調を崩しているに違いない。それを治すには鍼灸治療がいちばんだ。自分には鍼灸治療しかできない。だからこそ現地に行って鍼灸治療をしなければとの強い思いにかられていたという。

竹村さんのボランティア活動への年季の入り方は半端ではない。1979年の暮れ、ソ連軍がアフガニスタンに侵攻したとき、アフガニスタンからパキスタンに100万人もの人たちが逃げ込んだ。その翌年彼はパキスタンの難民キャンプを訪れ、ボランティアで鍼灸治療をしている。

キャンプは山岳地帯にあって寒さが厳しい。そんなところで不便かつ不衛生なテント生活を強いられ、極限状態のストレスと肉体労働に難民らの体がむしばまれているのを竹村さんはつぶさに見てきた。キャンプ4カ所を回り、難民やムジャーヒディーンといわれるアフガンゲリラ戦士200人を治療したという。こうした治療が理解されるまでに少し時間がかかり、石ややりを持った難民に囲まれてしまうこともあった。まさに命がけのボランティアである。ひざが悪いゲリラの部族長に鍼を打ったところ画期的な効果があり、鍼の威力に驚いた現地の人たちにそれからは大歓迎された。

その後、毎年アンデスやチベットなど辺境の地を訪れては、過酷な生活をする現地の人たちに鍼灸治療を続けている。現地では竹村さんが来るのを首を長くして待っている人たちがいるそうだ。そんな竹村さんが自分の国で起きた大震災の被災者の方たちに鍼灸治療をしなければと思うのはごく自然なことだった。

一方、私が掲げているのは「とことん現場主義」。私は被災地に自ら足を運びじっくり現場を見て、国会議員として、またジャーナリストとして何ができるかをこの眼で確認しなければならない。国会議員のなかには現地に行ってもすぐに帰ってくる人たちがいた。そんなアリバイ作りのような「視察」とは違う。人やメディアからの情報を参考にはするが、頼らない。自分で現地をつぶさに歩いて、見て、現地の人たちの生の声をしっかり聞くしかない。

そうしなければ、実感を伴った正しい判断はできないからだ。

●月に1度の被災地訪問を続ける

竹村さんと私の思いが一致し、タッグを組むことになった。訪問する宮城、福島の被災地への事前の連絡や手配などは私の事務所でやり、治療の数日前から現地に入り、当日は朝早くから夕方までボランティアの鍼灸治療をする。治療を受けるのは70〜80人ほど。1人少なくとも30分の治療だ。

ほとんどの場合私も全行程同行し、治療の様子や治療を受けに来た人たちの話を聞き、合間をぬって1人で外に出ては被災地の現場を歩いて話を聞く。帰りはまた一緒に東京に戻る。これなら私もじっくり現場の声を聞くことができる。何よりも鍼灸を受け入れる被災者の方々の体が震災被害のつらさを訴えているのを目の当たりにできる。こうして見たり聞いたりして得られたおびただしい情報は、これからの私の政治活動にとって大きな力となるはずである。そう判断してはじめた行動であった。

どこの被災地を訪問するかは竹村さんと私とで情報を出し合った。

5月15日の相馬市を皮切りに、6月5日は福島県の中ノ沢温泉に避難している浪江町《なみえまち》のみなさん、6月19日、7月17、18日は同じく浪江町、双葉町《ふたばまち》、飯舘村《いいだてむら》のみなさん、8月21日は石巻市、9月18日は気仙沼市、10月16日は再び相馬市、11月20日は気仙沼市、12月18日は相馬市、年が明けて1月15日は気仙沼市と、月に1度は被災地を訪問した。竹村さんがお弟子さんたちのために開いている月1回の勉強会を、この被災地訪問による治療に切り替えたからだ。

被災地の訪問に際して事前の連絡をしたときに驚いたのは、場所によって、あるいは担当者によって受け入れ体制がまったく違うことだ。じつは、もっとほかの地域にも連絡を取ろうとしたのだが、あまりに対応が不安であきらめたところがあった。もちろん、喜んで受け入れてくれたところもある。

連絡を取ろうとしても電話をたらい回しにされて埒《らち》があかないこともあれば、ある程度復興が進んだところからは迷惑だから来るなと言われたこともあった。町の鍼灸治療院が再開したところにボランティアの鍼灸治療が行ったら困る、つまり商売の邪魔だというのだ。たしかにそれも一理ある。しかし、被災者のみなさんからすれば、無料で鍼灸治療を受けることができるにこしたことはないはずだ。実際、行ってみたらとても喜ばれ、クレームも来なかった。

第1回目の相馬市訪問では、ある避難所にはすでに別の鍼灸が入って治療をしていた。2つの鍼灸がダブることはわかっていたはずなのに、なぜ受け入れると言ったのだろうか。仕方なく市内で鍼灸治療ができる別の場所を探したところ、ようやく小学校に避難している人たちを見つけた。現場責任者に事情を了解してもらったうえで竹村さんたちは治療体制を整え、私たちは周囲に呼びかけた。このときには竹村さんの患者である写真家の長倉洋海さんも同行している。

相馬市の避難所の様子
撮影／竹村文近

鍼灸治療を受けた経験のある人が少なく、最初はなかなか人が集まらない。それでも治療を受けた1人の女性があまりに具合がよくなったことに驚いて、周りの人たちに声をかけた。それからは次々に人がやって来るようになった。上がらなかった肩が上がる、腰がラクになったと誰もが顔をほころばせる。

治療の合間に私は地元の漁師さんの案内で被災地を歩いた。津波で壊滅的な被害を受けたかつての商店街はすべてが瓦礫の山に変わっていた。漁船が陸地の奥まで追いやられ、たくさんの車がひっくり返ったままだ。人が亡くなった場所には花と線香が供えられていた。

瓦礫の広がるなかでただ1軒だけぽつんと残った3階建ての建物があった。かろうじて残った看板を見ると、そこは理髪店だった。壁も窓も激しく壊れ、歪み、ぽっかりと中味の抜けた建物だけが痛々しい姿をさらしている。被災地の「現場」には、たいていこうした建物が津波被害の象徴のように残っている。

避難所にはうつろな表情で子犬を散歩させる少女がいた。東京に帰ってからも、毎日のように何度もその姿が蘇《よみがえ》る。もしかしたら被災が原因で精神に変調をきたしたのかもしれない。家族に犠牲者がいるのではないか。気になって仕方なかった。どうしてそのときに聞かなかったのだろうか。私は現地に電話をし、担当者から事情を聞いた。その少女はもともと精神的な病を持っていることがわかった。動物が大好きなので、いつも犬の散歩をさせているという。ご両親も健在だと知っていささかホッとした。

しかし、家族を失った多くの子供たちがいることも事実だ。その子供たちの心情たるや他人がとても想像できるものではない。被災3県で両親を亡くした子供は岩手県93人、宮城県126人、福島県21人の合計240人。父親もしくは母親を亡くしたのは岩手県476人、宮城県712人、福島県139人の合計1327人である。子供たちの精神の健康を取り戻す施策も緊急に求められている。

すべての治療が終わって引き上げていく私たちを、相馬の人たちが手を振って送ってくれた。終日治療にあたった鍼灸の一行に、涙を流しながら手を握ってくる人たちがいた。

喜んでくれる人がいる。これが基本だ。瀬戸内寂聴さんが言っていたことは人間を支えることの真実を伝えている。

「被災地に行って話を聞くだけでも意味があるのよ」

相馬市の漁師さんが被災地を案内してくれたうえで「ありがとう」と私に言った。「いえ、ありがとうはこちらが言うことです」と伝えたところ、こんな言葉が返ってきた。

「この現状を見てもらっただけでもありがてえなぁ」

「誰かに伝えたい」――そんな気持ちなのだろう。その人たちの生活がどう変わっていくのか、たとえ外からであっても寄り添っていきたい。いや、いかなければならない。

●スタッフは数日前から現地で準備をする

こうして、相馬市で2回目の鍼治療となったわけだが、最初のときのような混乱はなかった。被災者のみなさんは避難所から仮設住宅に移っていた。1回目のとき治療した人たちが入っている仮設住宅の自治会長さんに「鍼灸治療をします」と連絡をした。それが住民に知らされた。このとき治療を受けた人の6割くらいは1回目に治療を受けた人たちだった。

竹村さんのお弟子さんの何人かは前日に、私の事務所のスタッフは数日前から相馬市に入り、集会所で準備をしてチラシを配るなどして周囲に呼びかけていた。予約は事前にも取っていたが、基本的には当日の朝から受付をはじめて8時半ぐらいから治療がはじまる。これが基本パターンだ。

大きな部屋が治療室となり、集会用の長テーブルを治療ベッドに仕立てたものを5台用意する。普通は夕方6時くらいまでは治療をするのだが、この部屋は夕食の配給に使うので4時には終わらせなくてはならない。

私の秘書が予約を受け付け、治療に来た人たちを5台のベッドに振り分けていく。鍼灸治療の一行は1人の患者に約30分の治療を次々に施していく。身体の様子をみて1時間ほどの治療をすることもある。治療ベッドは終日フル回転だ。

私は鍼灸を受けている方々の表情を眺め、語る言葉に耳を傾ける。治療の前と後ではどう変わったか、何を訴えているのか。鍼灸治療をどう受け止めているのか。リラックスしたときには、政府や各級議員、行政に対する本音を伺うこともできる。

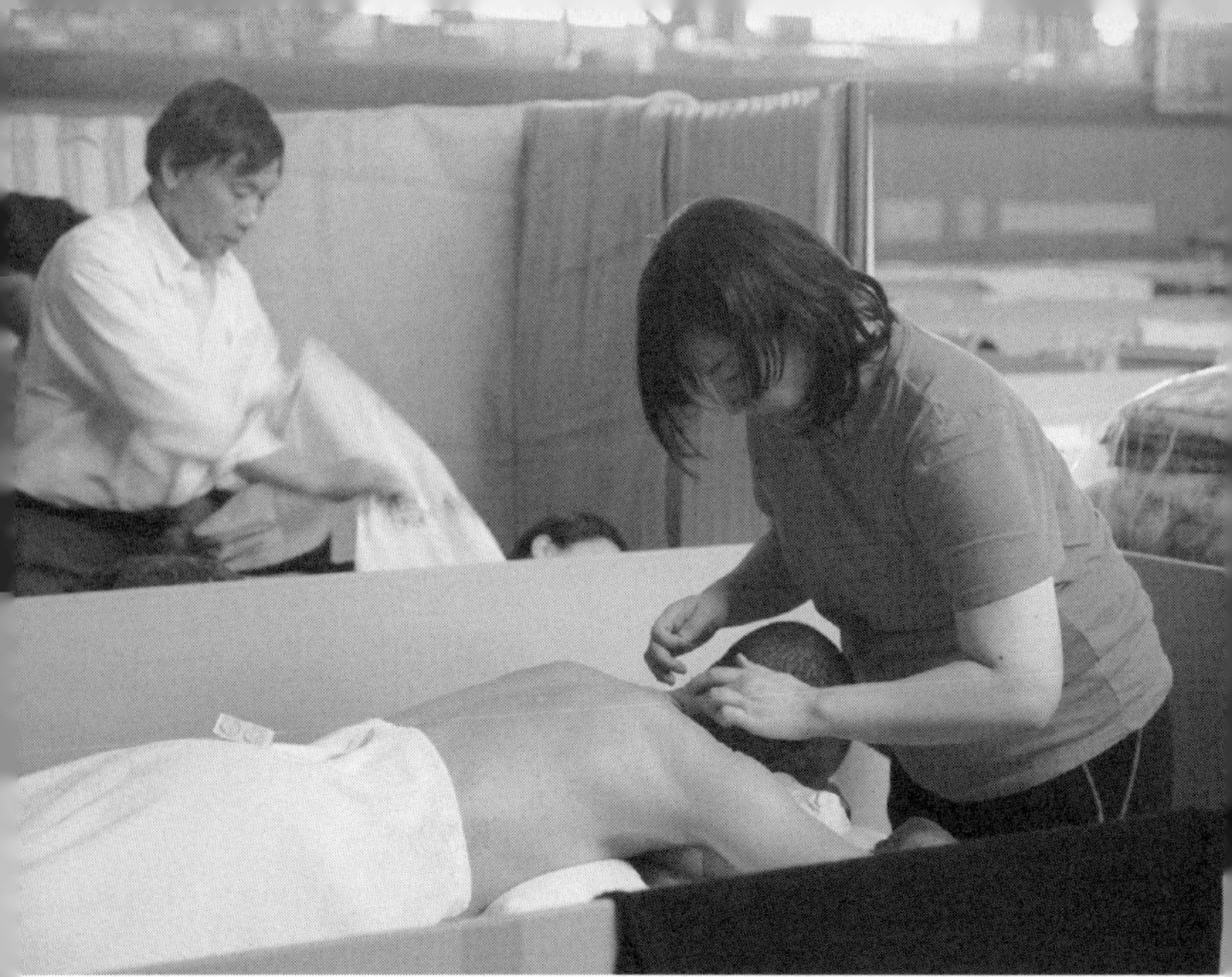

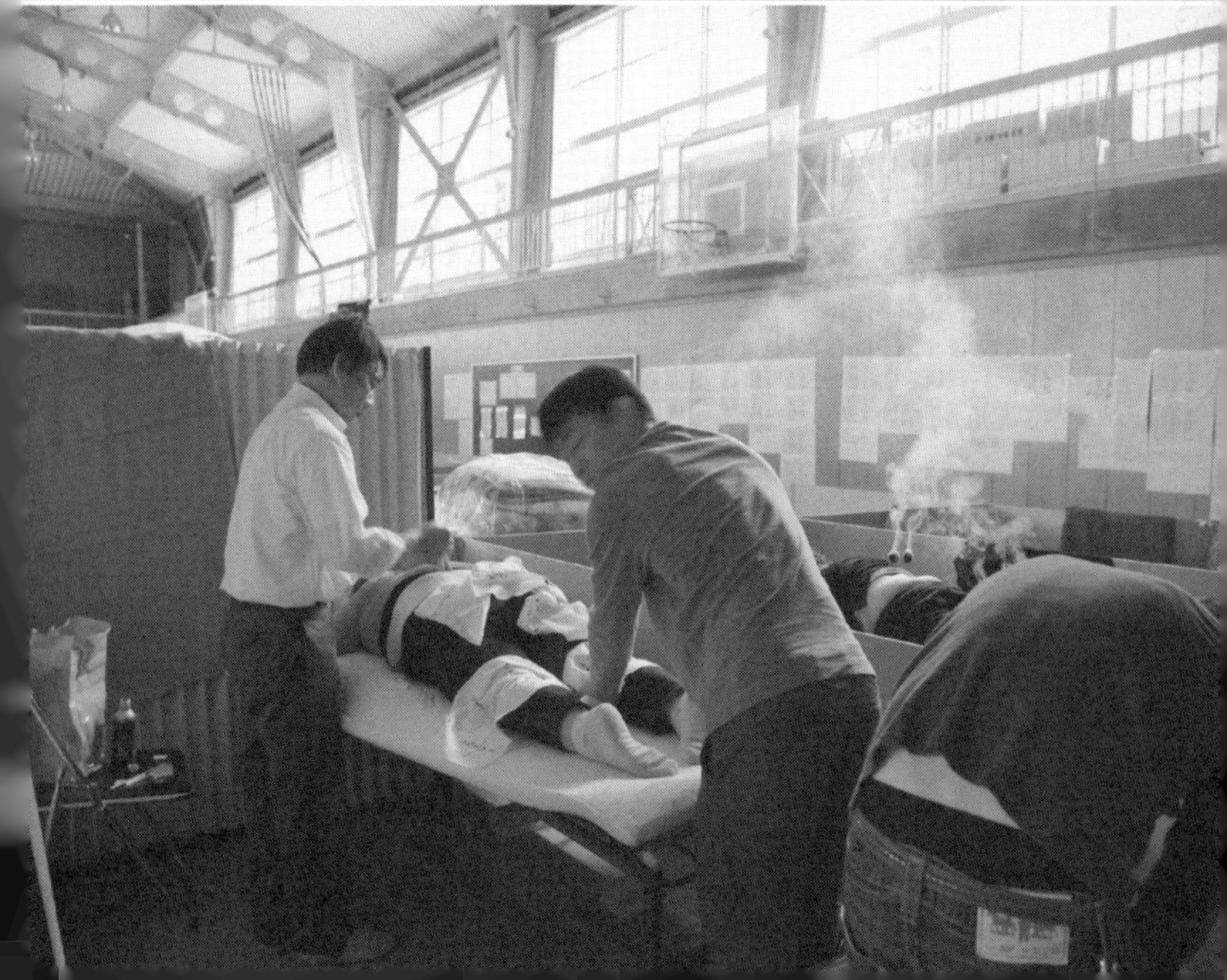

撮影／長倉洋海（3枚とも）

福島県相馬市の避難所での鍼灸治療の様子。白い服の人が竹村文近さん。お弟子さんたちと一緒になって鍼を打つ。

竹村さんはお弟子さんたちに交って鍼を打っていた。治療はすべてお弟子さんたちに任せているのかと思っていたが、自ら率先して鍼を手に飄々と治療をしていく。身の処し方が確立しているのだろう。お灸のもぐさが燃える香りと煙が集会所の窓から仮設住宅のほうへと漂っていった。

●低体温を通り越して「冷体温」になる人がいる

治療の順番を待つ年配の女性たちに仮設住宅での暮らしぶりを聞いた。5人家族で4畳半2つに6畳は狭いけれど、何とか暮らせる。夕食もただで配ってくれる。漁師のお父ちゃんは漁ができず、海に沈んでいる瓦礫を引き上げている。でも、ありがたいよ。こうして助かったんだから……。笑顔を見せながら語る東北の女性は強い。しかし鍼灸治療をした竹村さんは、体は決して回復していないとこう言った。

「男女も年齢も関係なく、どの人も腰、背面、肩がパンパンに張っています。腰はガチガチでまるで岩盤のよう。腰のつらさを通り越して体がマヒしたり、全体が凝り固まったりしている人もいます。やはり精神状態が極限までいったから、それがはっきり体に出ている。身体機能のレベルが低下してしまっているんですね」

鍼を打っていると、手応えでそれがわかるという。しかし、反対に体は素直に鍼を受け入れていく。凝りの状態がひどいと太くて長い鍼を使うそうだが、本来、はじめての治療では使わない。しかし、そんな鍼でもスーッと入ったそうだ。

「それだけ体のほうが鍼を求めていたのではないでしょうかね」

治療中目をつぶってじっと鍼の感触を味わっている人、治療の最中ずっと鍼灸師に話しかけてくる人。さまざまだ。話をすることでストレスが緩和されるのだろう。鍼を打つだけが鍼灸師の仕事ではないのだろう。

とても気になったのが「冷体温」の人が多いということだ。最近、低体温の人が多いという話をよく聞くが、そんなものではない。「ちょっと触ってみて」竹村さんにそう言われてあるお年寄りの脇腹に触れたことがある。ぎょっとするほど体が冷たいのだ。過度のストレスによる血行不良が原因なのだろうか。もしそうだとしたら、いったいいつ治るのだろうか。震災からの復興は、住宅や仕事の確保も重要だが、何よりも人間身体の回復が基本なのである。

鍼ははじめてだから怖いという人も多かった。だが自分の体があまりにもヘンなので鍼で治るならと、すがるような思いで来た人もいる。治療を受けに来るのは比較的年配の方が多い。しかし仮設住宅には3世代で入っているところもあり、赤ちゃん連れの若いお母さんも何人かやって来た。「鍼はおっかねえからマッサージだけでいい」と言った人の大半はマッサージをしているうちに鍼灸治療に入っていき、それがとてもよく効いたと喜んでくれた。

鍼灸治療の一行は仮設住宅に着いた朝の8時すぎから夕方の4時まで、立ちっぱなし、打ちっぱなし状態で治療に当たっていた。今回は集会所で夕食の配給があるため4時で切り上げたが、いつもは6時過ぎまでやっている。休みといえば控室で昼食のおにぎりなどを短時間でほおばるだけだ。

それにしても、竹村さんの被災地訪問への思いには頭が下がる。前日からお弟子さん10人くらいを引き連れて、車や新幹線で移動する。たくさんの鍼灸道具やお土産を積んでいくからレンタカーは必需品で、何人かは東京から運転して現場に入る。1回行くのに使い捨ての鍼2500本、もぐさ約1キロ、台座式のお灸3000壮(有田注、お灸は「壮」という単位で数える)、貼る鍼500個、磁気ばんそうこう500個、さらに治療に必要なもの一式に患者さんへのお土産の銘菓を大量に積んでいく。お弟子さんたちの宿泊費や交通費など、すべてをふくめると相当な出費になっているはずだ。

1回や2回のボランティアをやる人はいるだろう。それはそれで貴重なことだが、竹村さんはすでに十数回。鍼灸治療のよさを広めたいという思いが底に流れているのだろうが、普通にできることではない。

私たちは今後も月1回のペースで、とくに相馬市と気仙沼市に土地を定めて被災地訪問を続けていくつもりだ。

●震災後、まず1人で訪れたのは石巻だった

私が最初に被災地を訪問したのは宮城県石巻市だ。3月27日のことである。石巻市は宮城県東部にあり、仙台に次ぐ人口を擁する市だ。旧北上川河口に中心部があり、震災による津波で死者3279人、行方不明者651人（2011年12月2日現在）の大被害を受けた場所である。

震災発生後しばらくは予算委員会が続き、第2回目の被災地行きはなかなかかなわなかった。さらに4月には統一地方選挙があり、その応援で北海道や福岡に行かざるをえないため、なかなか被災地に入ることができないもどかしさがあった。3月8日の予算委員会で質問した足利事件の真相解明のために、家族会を結成する準備も進めなければ

ならなかった。やっと第2回目に行くことができたのが相馬市で、そこからは毎回竹村さんたちと行動を共にすることになる。

第1回目の被災地訪問のときは同僚の小見山幸治《こみやまよしはる》議員たちの車に便乗した。東京を出たのは朝5時。小見山さんたちは支援物資を女川町《おながわちょう》（死者４５７人。不明者３７０人。同前）に届けることになっていた。私は途中の石巻市で１人降ろしてもらった。石巻に来るのははじめてだった。車を降りた地点から広がる被災地を歩き出した。避難所でなく、行政の責任者や担当者ではなく、路上で出会った被災者たちから直接話を聞き、今後の救援・復旧に活かしていくためである。その出発点は整序された言葉や報告でなく、生身の人間の混とんとした〝思い〟に耳を傾けること――それが私の方法であった。今回の震災体験は国会議員としてのあらゆる行動の「原点」になるだろう。そんな予感もあった。

●何もかもがヘドロにまみれていた

私は狭い道に足を踏み入れた。いきなり襲ってきたのはツーンと鼻をつく強い臭いである。かつての経験から類推すれば「ヘドロ」だ。道の両側にはあらゆる家具が泥にまみれて破棄されていた。冷蔵庫やテレビもあれば、単行本やアンパンマンの人形もある。ありとあらゆる生活用品が津波に浸食され、小山に積み重なっている。テレビ報道では見たこともない光景がそこにはあった。認識の混とん。思い浮かんだ表現が一瞬にして陳腐化していく。言語が実体を失っている。まるで実のない殻だ。ただただ歩く。

1軒の家の前で声をかけてくる男性がいた。私が出演していた『ザ・ワイド』の熱心な視聴者だった。「せっかく来てけだんだがら、こっちさ入って見でけらいん」そう言われてお邪魔をすると、家そのものは壊れていなかったものの玄関口、居間の家具類は大散乱し、ヘドロで埋まっていた。「ここまで水来たんだでば」とカーテンについた黒い汚れを示してくれた。地上から2メートルほどだ。「畳も水で浮がんできてびっくりしたー。んでも助かっただげでいいと思うしかねぇね」

「こいづは珍しいもんだよ」と指さされたところに眼をやれば、木製の箱がある。「日本で2台すか残ってねぇ木製のタイムレコーダーだでば」。その貴重な機器も泥にまみれて廃棄されていた。

黙々と片づけ作業を続ける奥様に話を聞いた。「避難している場所からここに来るにもガソリンがいる。足りないだけでねえぐ、そのお金が大変なのよ。何とがしてもらいで

え」。食料などは足りている。いまは安定して暮らす場所とガソリン（代）が不足しているという。こうした切実な要望はそれからいたるところでお聞きすることになった。

周辺の被災者たちもマスク姿で黙々と片づけ作業を続けている。ある住居の廃棄家具類のなかにドラミちゃんの人形があるのが目にとまった。笑顔の人形の持ち主はどうしているだろうか。そう思わざるをえなかった。

「向こうはもっとひどいでぱ」。そのとき男性が教えてくれた。

道路を左方向に曲って進む。少し広い道の左右には、やはり整然と、しかし泥にまみれた家具類が積み上げられている。電器屋、居酒屋、スナック、葬祭店などは閉まったままだ。遠くから見れば店が連なっているのだが、近くに行くと玄関は破壊され、店にあった「すべて」が水に流されゴミ化してしまっている。そんななかで花屋だけが店を開けていたことは印象的だった。

阪神大震災を経験した精神科医の中井久夫さんがまとめた『1995年1月・神戸「阪神大震災」下の精神科医たち』（みすず書房）には、作家で精神科医の加賀乙彦さんが黄色いチューリップなど、多量の花を病院に持ってきてくれたというエピソードが紹介されている。「暖房のない病棟を物理的にあたためることは誰にもできない相談である。

花は心理的にあたためる工夫のひとつであった」というのだ。

中井さんは「皇居の水仙を皇后が菅原市場跡に供えて黙祷されたのは非常によいタイミングであった」と書いている。1995年（平成7年）1月31日、天皇と共に阪神・淡路大震災後の神戸を見舞った皇后が、神戸市長田区の菅原市場にその日皇居から自ら切って持参した黄色と白の水仙を供えたのだ。

中井さんはさらに政治家についても言及している。「日本の政治家のために遺憾なのは、両陛下にまさる、心のこもった態度を示せた訪問政治家がいなかったことである」。他人事ではない。私たち政治家に何ができるのか、なさなければならないのか。大震災発生直後に読みはじめた中井さんの著作は、私たちに「心のこもった態度」とは何かを突きつけていた。

中井さんはこうも書いている。「〈花〉が大事だという発想は皇后陛下と福井県の一精神科医がそれぞれ独立にいだかれたものだという。〈花がいちばん喜ばれる〉ということを私は土居先生（有田注、精神科医の土居健郎さんのこと）からの電話で知った」。しかし、私が石巻に持参したのは、花ではなく、リュック一杯の使い捨てカイロだった。鍼灸師の竹村文近さんは、寒い季節の選挙活動に必要だろうと、ダンボールいっぱいのミニカイロをカンパしてくれていた。それをまだまだ寒い石巻の被災者にお届けしようと思ったのだ。

●テレビは交通の便のいい避難所ばかりを取材する

やがて海に続く旧北上川に突き当たるところまで来た。瓦礫撤去の作業車が動いている。理髪店の前だ。そこに立っていると、また1人の男性から声をかけられた。やはり『ザ・ワイド』の視聴者だったという。話をしているところに三々五々、人々が集まってきた。

理髪店は女性1人が営んでいた。地震に続いて一挙に大津波が襲ってきた。「あわてて2階に逃げたのよ。ほんで助かった。んでもお隣はおばあちゃんが亡ぐなって、寝たきりの旦那は行方不明。きっとそこに埋まっているど思う」。眼を向けると破壊された理髪店の横には「TAILOR」（洋服屋）と壁に表示した店がある。家屋は破壊され廃墟と化したむごい状態だ。「ほらあっちに信号機が見えるっちゃ」示された方向を見ると、200メートルはある。老女の遺体はそこで発見されたという。おそらく瓦礫に埋まったままの被災者がまだまだいるのだろう。「もう収入がないいんですよ。なんじょしたらい

ハリー・ポッターと
ハリー・ポッター

いんだべ？」と理髪店の女性が言った。（有田注、8月に石巻を再訪すると、理髪店のガラスには閉店したと貼り紙があり、お隣の洋服店は更地になっていた）

阪神大震災のとき、日本赤十字や中央共同募金会などに寄せられた義援金は、受け付け開始から1年で約1735億円。各被災者への配分は死者・行方不明者への見舞金10万円、住宅の全半壊者10万円、母子・父子世帯や重度障害者世帯など要援護家庭激励金30万円などであった。しかしこれで生きていけるはずもない。根本的には赤ちゃんからお年寄りまで毎月一定額を支給する「ベーシック・インカム」（最低生活保障）のようなシステムがあれば、まだ救われる。しかし理想は保持しつつも現実から出発するしかない。

いつしか路上陳情会の様相を呈してきた。理髪店の女性に続いて、震災直後に横須賀に避難した女性がマスコミに対する苦情を口にした。「私の両親は女川町で被災にあって、亡くなりました。あそこもひどい被害を受けでんのに、あんまり報道されないんです」。女性はこう切り出した。彼女のマスコミ、とくにテレビへの不満は、避難所なども特定のところ、もっといえば交通の便がほかに比べていいところに集中する傾向があるというのだ。これは藤原新也さんが現地に入って感じたことにも共通する。番組の締切時間内に「絵になる」映像を流すことが求められるのがテレビ局の基本原則だ。以下、「Shinya talk」（有田注、藤原新也さんのブログ「CAT WALK」）から引用する。

「避難所の風景は各メディアによって飽きるほど報道されているが、避難所は無数にあるのにどこもここも同じ情景が映される。それは限られた時間に映像を収録しインタビューを行わなければならないため、勢い交通の便のよい手軽に入れる避難所に報道があつまることを表している」

●現場の自衛隊員もストレスをためている

そんな話を伺っているうちに中高年男女10人ほどが集まってきた。「なんで総理は来ないのがしら。ヘリで上空から見ていだって、この現状はわがらねぇ」「国会議員は多すぎるんだよ。定数を減らしてけさいん」……。ここでも一致した要望は、これからの住居、生活費、当面のガソリン、避難した他府県から来るのに必要な交通費の補助であった。

ひとしきり話を伺った後でみなさんに、リュックいっぱいに詰めていった使い捨てカイロを渡した。ところが「もっと大変な人がいるがら、そっちさ渡して」と戻してくる人がいるのだ。眼鏡をかけた女性は「おれはいるがら、もらっておくがら」と少し微笑んだ。

さらに道を進む。右手の民家に寄り添うように大きな船が乗り上げている。破壊された車が接触している。倒壊しひしゃげた家屋の下で自動車が押し潰されている。白い紙があるので近寄って見れば、２人の男女の名前と無事だったことが連絡先とともに書かれていた。

時計屋は斜めに崩れ、店のなかに乗用車が入り込んでいる。日常から非日常へと変貌した風景。人生のなかには組み込まれていないまったく異質な情況が眼に飛び込んでくる。認識が現実に追いつかない。

多くの人が流されたままで見つからず、助かった人たちは避難した。一瞬の判断で生死を分けたケースも多いことだろう。旧北上川の対岸には多くの家屋が残っている。これを「運命」の一言で表すには、あまりにも安易すぎる。言葉で表現できない現実は、身体の奥深くで納得するしかないのだろう。

さきほど話をしていた女性から橋を越えてみるようにと言われていた。「もっとひどいがら」と。街では黙々と瓦礫を片づける人たち、マスク姿でリュックを背負っている人たち、自衛隊員、警察官が眼に入るだけだ。猫も犬も見当たらない。ごくたまに飼い犬を散歩させる姿が見うけられた。

制服を着た3人の若者がいたので道を聞くと、愛知県警から派遣された警察官だった。パトロールが任務だ。被災地でもっとも頼りになる自衛隊員も若い。外見からはわからないが、彼らにも相当なストレスがたまっているという。遺体を捜し、発見し、ビニールでくるみ、運ぶ。なかには自分の子供と同年齢ぐらいの遺体もある。1日に3体、5体と対応することもあるから、夜になると精神的に変調をきたす。上司は彼らと意識的に話をするようにしている。カウンセリングだ。

阪神大震災でPTSD（心的外傷後ストレス障害）という言葉が広く知られるようになった。自衛隊員だけではない。当然ながら被災者もまた精神の極度の緊張を持続して強いられている。PTSDはいつ顕在化するのか。中井久夫さんは書いている。「避難所のようにむきだしに生存が問題である時にはこれは顕在化しない。おそらく仮設住宅に移住した後に起こるのであろう」。

3月22日の参議院予算委員会で、精神科医、看護師などで構成される「心のケアチーム」

は、各都道府県から30チームの登録があり、宮城県で8チーム、仙台市で2チームが活動中だと報告された。被災者の規模に比べて現状はあまりにも遅れすぎている。厚生労働省によると2011年12月に活動しているのは6チーム。しかも常駐ではない。このチームは避難所緊急対応がもともとの趣旨であった。

第3次補正予算では「被災者の心のケア」に28億円が計上されている。具体的にあげれば、保健所などを中心とした相談対応、看護師らによる仮設住宅などへの訪問支援、「心のケアセンター」(仮称)、さらには全国的な拠点としての「災害時心のケア研究・支援センター」(仮称)の設置である。

●大津波がすべてのものを奪っていった

西内海橋を渡る途上で海につながる旧北上川を眺めていると、まったく何事もなかったかのように穏やかな鈍色の水面が広がっている。

橋のなかほどに飲食店があった。閉鎖された玄関に2枚の紙が貼ってある。左の紙には8人ほどの名前があり、無事ならば右の紙に名前を記入してくれと矢印が書いてあった。おそらくそこで働いていた人たちだろう。被災にあって仲間の安否を確認したかったのだ。そこには数人の名前が記されているだけだった。

　橋を渡りきった左には歩道橋がある。大きく歪み、瓦礫に押しやられている。倒れかかった信号もつかないままだ。

　左右に分かれる道の両側には、さらに大きな被害が広がっていた。ある家屋の居間の鴨居で家族の記念写真が傾いていた。ご両親の遺影が掲げられている家屋もあった。大津波は人間のあらゆる営みを根こぎにしてしまった。

　大通りから狭い道に入っていく。電気も通っていない暗い部屋で片づけをしている男性に話を聞いた。家の横にある狭い土地にも多くの瓦礫が堆積している。「ここには何があったんですか」そう訊ねると、「うぢはながった。んでもねぇ」と声が落ちた。「ここで5人が亡ぐなったんだ……」。津波の恐ろしさを男性は語り出した。

　地震が来たとき、男性は津波が襲ってくるとわかった。1階にいるとすぐに水が入ってきたので、あわてて階段を上ったという。足を水が追いかけてくる。窓から見ていると、水かさがどんどん増してきた。海からの激流は、狭い路地に入ることによって、さらに高さを加えていった。水が引いたとき、外に出てみると電信柱が途中で折れていた。斜め向かいの家の門柱には乗用車が乗り上げている。男性の家は狭い道路に面しているが、奥に家が並んでいた。そこで80代の高齢者が流され、亡くなった。60代男性は行方不明のままだ。「おっかながったやぁ。あっという間のごとだったでば」。男性がそうつぶやいた。

軒並み押し潰された家々。道路脇に整然と置かれた家具類には、それぞれの生活の名残がある。写真、書籍、家具、布団、食器類、子供のノート……。「そんでもうぢで暮らすごどにしました」と言う男性は、わずかばかりの使い捨てカイロを喜んで受け取ってくれた。

さらに被災地を歩く。破壊された家屋を片づける人たちのほかにはあまり人影を見なかった。誰もが口数は少なく、黙々と作業を続けている。道路にたまった水のなかを進んでいると、いきなりあられが降ってきた。小さな、小さな、丸い粒。それでも大量だから顔に当たると痛い。

ラブホテルの駐車場があった。多くの車が置かれたままだ。車内を見ると漫画本やCDなどが散乱している。泥だらけのものもある。

●被災した歌手クミコさんをさらに落ち込ませたもの

自衛隊の車両や外国人の運転する乗用車が目立つ交差点を少し行くと、右手に石巻市民会館があった。石碑の横には壊れた乗用車。すぐ脇を流れる小さな川の右手には、あわててハンドルを切ったまま逃げ出したことがわかる茶色いボディーの乗用車があった。

歌手のクミコさんが被災したのが、この市民会館だった。じつは今回訪れる被災地に石巻を選んだのは、友人であるクミコさんが被災した場所であることも理由のひとつだった。

クミコさんは3月11日に建て替え前の市民会館で行われる最後のコンサートで歌うことになっていた。地下の控室にいたときのことだ。左耳にゴーッという音が聞こえたという。まるで電車が近くを通過するような轟音だ。「地震だ！」スタッフの1人が叫んだ。いきなり大きな揺れが襲った。

壁につかまったスタッフの背中にしがみつき、その後ろから別のスタッフが連なった。室内の電気が切れれば外に出るのが困難になる。早く外にという思いが募った。衣装も買ったばかりのパソコンも置いたままで外に出ると、津波の警戒警報が流れていた。「上さ、上さ」の声に市民会館の裏手にある砕石場に逃げた。「コンサートまでにと思ってお弁当を食べておいたのがよかった」とクミコさんはのちに回想している。

それから車のなかで一夜を過ごした。翌日にはヘリコプターが上空を飛ぶので、みんなで手を振るのだが、気づいてくれない。携帯電話もつながったり、つながらなかったり。電池が無くなるのを恐れて使用も控えた。

クミコさんたちが被災していると私が知ったのはツイッターだった。事務所の関係者から問い合わせが来たので、被災地の情況を調べてみた。砕石場には数十人が避難していた。上空をヘリコプターが飛んだというから、食糧や水の提供もきっとあるだろう。関係者はそう期待した。ところが、何の対応も行われなかった。私もいくつかの関係部署に孤立した避難民がいることを伝えたが、結果的に救助の手は差しのべられなかった。

クミコさんたちは翌日になり、自力で石巻を脱出する。砕石場で一緒に夜を明かした音響や照明などの現地スタッフ全員が仙台在住の人たちだったので、車であちこち迂回しながら仙台へ向かった。駅に行っても新幹線はとまっている。駅前の路上で呆然としているとき、ホテルのロビーが開放されていることを知った。

翌日、東京のスタッフに庄内空港から羽田までのチケットを予約してもらったものの、仙台から空港まで行ってくれるタクシーがない。ガソリン不足だからだ。そこでガソリ

石巻市で被災した歌手のクミコさんは9月11日、同市で無料コンサートを開いた。
避難所となっている市立湊小学校の体育館に約300人を招待。
津波の被害を受けた市内の老舗楽器店「サルコヤ」が4カ月かけて修復した
“再生グランドピアノ”の伴奏で、「最後の恋〜哀しみのソレアード〜」や
「きっとツナガル」など全12曲を披露した。

ンスタンドに行ってガソリンを満タンにしたばかりのタクシー運転手に頼んだ。こうしてようやく庄内空港にたどり着くことができた。

東京に戻ってから大地震の惨状を知ったクミコさんは落ち込んだ。現地では情報が不足していて、震災と津波でここまでひどい状況になっていることを知らなかったからだ。さらに追い討ちをかけたのはツイッターの粘着的で攻撃的な書き込みだった。衣装やパソコンを失ったと書いたところ、被災者はすべてを失っていると汚い言葉で「主張」を拡散するのだ。それに呼応する者もいた。自分はあくまでも安全地帯にいながら、匿名で攻撃を加える。ツイッターの前にはインターネット掲示板でもしばしば出没した「銃眼から敵を撃つ」たぐいだ。

●戦後すぐの小説を思い出す

私はクミコさんが被災した石巻市民会館からもういちど石巻駅のほうへと向った。瓦礫の街を歩いていて、ふと石川淳の小説『焼跡のイエス』を思い出していた。敗戦から1年。東京・上野の闇市で逞しく生きる少年を描いた作品だ。当時の日本は広島、長崎だけでなく、全国が焼土と化していた。石川はボロボロの衣服で、デキモノやウミの臭さを発してはいても、生きるために必死な少年に「イエス」の姿を見た。私がいささか驚いたのは、敗戦から1年たってもなお屋台のような商店が林立し、食料にもこと欠く様子が描かれていたことだ。

石巻を歩き、あるいは三陸海岸に連なる広大な被災地に関する情報を聞いていると、土地による落差はあるものの、食料などはそう時間がかからず被災者に届いていた。敗戦から66年。自衛隊や警察、そして民間ボランティアなどの努力が実る流通システムがいち早く復旧していったからである。時代は大きく変貌しているのである。しかし、その物質文明そのものが問われているのだと歩きつつ思い至った。

海へと続く旧北上川のほとりを歩く。ほとんど人通りがない。被災した家々の玄関に白い紙が貼ってある。「目視」と書かれている。被災家屋に自衛隊員が入り、取り残された被災者がいないかどうかを調べているのだ。スナック、居酒屋などの派手な店構えが破壊されて寂しい雰囲気を漂わせている。陥没した街路にタクシーが頭から突っ込んでいる。電信柱がなかば倒れている。

そんななかを言葉もなく炊き出しに並んでいる人たちがいた。キリスト教団体が牛丼を配布していた。阪神大震災の教訓でも、乾パンで2日、カップラーメンで5日は過ご

いわき市

せても、1週間もすれば「美味しい」と感じるものを口にしなければ精神的に問題が起きると精神科医の中井久夫さんは指摘している。

●復興プロセスを被災者にきちんと伝えるべき

さらに街を歩いていると、帽子をかぶった男性から声をかけられた。行政に意見があるので聞いてくれという。運送業を営む男性は、もっとも被害の大きかった地域で暮らしている。一時避難して帰宅すると、家の横の道路に勝手に瓦礫が積まれ、道路が閉鎖されてしまったという。「こんなときだから仕方ないとはわかるんだ。でも被害の少ないところから電気は復旧して、大変なところが置いていかれていく。これ、おかしくないか」と不満を語った。行政が業者に任せきりで、計画的な復興を進めていないのではないかというのだ。少なくとも復興のプロセスを行政は被災者に伝えるべきだろう。

阪神大震災のとき家屋が破壊されずに済んだ人たちは「負い目」で悩むケースが多く見られた。被害の程度が大きく異なるとはいえ、被災地の住民すべてが異常経験をしたことを忘れてはならず、カウンセリング体制を構築しなければならないのだ。

同じ石巻でもほとんど被害のない家屋があるのを見ていると、被災の宿命に思いを馳せた。ほんの一瞬の偶然で生命を守れた人もいれば、まったく逆のケースも多かった。それを言葉で表現することもきわめて虚しい。「消えた街」と人々に祈りを捧げながら、この土地の将来を思った。

旧北上川の西岸にある日和山《ひよりやま》に登った。ここからは海辺の被災地が一望できる。マスクをした中年男女が寄り添うようにじっと眼下を見下ろしていた。そのうち女性が声にならない嗚咽をもらした。ここから見えるあまりに残酷な風景。海辺に続く街並みがそっくり消えていた。人も猫も犬も緑萌える木々も生きとし生けるものほとんどすべてが失われていた。街や人間の記憶を喪失してしまった。

事実はときに言葉をも奪ってしまう。作家の丸山健二さんも石巻の被災地に立って「頭の中から全ての言葉が消えた」と語っていた。あえて表現しようとすれば、現実の重さによってただちに陳腐化する。もういちどそんな思いが浮かんできた。呆然と風景を見ていたら、いきなり記憶が重なった。写真でしか見たことのない光景だ。

原爆投下後のヒロシマ、ナガサキの街並み。あるいは大空襲後の東京や大阪……。

敗戦の焼土から20年後には東京オリンピックを実現した日本と日本人の底力。東日本の復興は5年を区切って行うべきだと思う。その基本テーマは震災にも強い「成熟社会の居住モデル」だ。関東大震災や敗戦後の復興は、いわば「バラック復興」で計画的なものではなかった。残念ながら若い世代は首都圏などに流出していく傾向を見せるだろう。被災地で聞いても、年齢を重ねた世代ほど「ここに残る」との意向を示している。高齢化がさらに進むことが予想される。それを前提とした新しい街づくりが必要だ。

日和山では子供たちの姿を眼にした。珍しいとさえ思えた。2011年3月11日は彼らの心にどのような陰影を刻みながら記憶されていくのだろうか。これからの日本を背負っていく世代に限りない期待を抱く。その条件を整えるのが私たちの仕事だ。私は1人で石巻を歩いた。人間の営みはあくまでも「ひとりから」はじまる。被災者の1人。被災をしなかった1人。東日本の多くの被災者の御霊に心からの鎮魂を捧げつつ、私たちは「ひとり」が「ひとり」と連なって、新しい日本を建設していく責務がある。

岩手県出身の宮沢賢治に「生徒諸君に寄せる」という詩がある。

「諸君はこの颯爽たる／諸君の未来圏から吹いて来る／透明な清潔な風を感じないのか」

そう呼びかける宮沢は、若者たちに強い期待を表明した。

「新しい時代のコペルニクスよ／余りに重苦しい重力の法則から／この銀河系を解き放て　衝動のやうにさへ行はれる／すべての農業労働を／冷く透明な解析によって／その

藍いろの影といっしょに／舞踏の範囲にまで高めよ　新たな時代のマルクスよ／これらの盲目な衝動から動く世界を／素晴らしく美しい構成に変へよ　新しい時代のダーヴヰンよ／更に東洋風静観のキャレンヂャーに載って／銀河系空間の外にも至り／透明に深く正しい地史と／増訂された生物学をわれらに示せ」……

●石巻は作家・辺見庸さんのふるさと

被災地を歩く最初の土地に石巻を選んだ理由がもうひとつある。辺見庸さんのふるさとだからだ。作家にして詩人、ジャーナリストでもある辺見さんとは90年に知り合った。私は88年の春にはじめてベトナムを訪れた。『地球の歩き方　ベトナム』を作るというので、ハノイからホーチミンまで40日間取材を続けた。当時はベトナムのガイドブックは新書版が1冊あるだけで、『地球の歩き方』も「フロンティア」シリーズとして企画された。いまと違い、ベトナムは「辺境」に位置付けられていたのだ。ベトナム戦争の傷跡が色濃く残っていた時代である。道路を走っていても戦車の残骸があるだけでなく、人の心にも体にも大きな傷跡を残していた。両腕のない人、両足のない人、地雷の被害だろうか目の潰れた人がどこでも見受けられた。

89年には大量のベトナム難民が長崎に船でやって来た。当初ベトナムからの難民だといわれていたが、じつは中国の福建省から出発したことがやがてわかった。私はベトナムに飛び、今度は難民の取材を行った。90年はベトナム戦争終結15周年だ。ベトナム戦争を指導したボー・グエン・ザップ将軍にインタビューを申し込んだ。『朝日ジャーナル』に〝秘話〟を語ってもらうのが目的である。再びベトナムに出かけた。

ところが、ハノイの空港には外務省から誰も迎えに来ていない。何とか市内のホテルに入り、問い合わせると、ベトナム外務省はそんな取材は聞いていないという。日本からベトナムに行くには、東京の大使館にビザを申し込み、同時に編集部からベトナム外務省への取材申し込みが行われていた。どんな事情があったのか。それはわからなかったが、私はハノイで取材の許可が下りるまで待機せざるをえなかった。その間、あるホテルに置かれた共同通信のハノイ支局に夜な夜な通い、支局長の辺見庸さんと酒を酌み交わした。

辺見さんは酒を飲むと「おれは共同通信の日野啓三になるからな」と語っていた。日野啓三さんは読売新聞のサイゴン特派員でのちに『あの夕陽』で芥川賞を受賞した。辺見さんが帰国して『自動起床装置』で芥川賞を獲得したのは翌91年のことである。

辺見さんは「3・11」以前に書いた原稿で、大津波の襲来を「予言」していた。そこにはこう書かれている。「世界はもっともっと暴力的にむきだされていくだろう」「すさまじい大地震がくるだろう。それをビジネスチャンスとねらっている者らはすでにいる。富める者はたくさん生きのこり、貧しい者たちはたくさん死ぬであろう。（中略）テクノロジーはまだまだ発展し、言語と思想はどんどん幼稚になっていくであろう。ひじょうに大きな原発事故があるだろう。」（「標なき終わりへの未来編」『朝日ジャーナル』2011年3月15日発売）

石巻はそんな辺見さんのふるさとである。津波を予言した彼が精神形成の基礎を培った土地を歩いてみたかった。私は石巻の現場を歩き、その現状をこの眼で見つめ、被災者の声を聞き続けた。

●全力をあげて被災者と被災地の復興を

いま政治の原点に置くべきことは被災地と被災者の復興だ。大震災から3カ月たった6月、福島県の浪江町、双葉町、飯舘村から避難した住民に話を聞いて、その思いを強くした。被災地の現場には、切り取られたテレビ映像などからは見えてこない厳しい現実がある。

原発被害から逃れた住民に会ったのは福島県の中ノ沢温泉だった。明治19年から続く老舗の扇屋旅館で話を聞いた。竹村文近さんたちと一緒に伺い、60人以上の被災者に鍼灸ボランティアを施している間、私は避難している人たちに集まってもらい話を伺った。

当時、中ノ沢温泉には約230人、同じ福島県内のリゾートホテル「リステル猪苗代」には約780人が避難していた。東電からは5月24日ごろに仮払金（生活費）が支払われている。1人75万円、2人以上の家族は100万円。たとえ5人家族でも一律に100万円だ。しかもいつまでの仮払金かもわからない。

被災地では仮設住宅や借り上げ住宅に入れば、食料や物資の支援は打ち切られる。水道料金も電気料金も自分たちで払っていかなければならない。仮設住宅が当たっても多くの人たちが入居しないのは、生活不安があるからだ。「仮払金があったって、借金を返したり、地震で壊れた車の代わりに中古車を買ったりして、先の見通しがないんだ」と嘆く男性がいた。

ある男性の母親は特養ホームから避難して、新しいホームで亡くなった。「うちに帰りたいって言っててなあ。集団生活している場所に位牌を置くのも気が引けて、せめて自宅の仏壇に持っていきたい。でも帰宅の許可が出ないんですよ」とその男性は困惑を示した。一時帰宅の申請を出しても1カ月以上かかると役場に言われたそうだ。時間がかかるのは放射線の線量を測定する線量計が足りないからだという。

大震災が起こり家具類が倒れ、散乱し家のなかはカオス（混とん）と化した。そこに襲った原発事故で、着のみ着のままで避難を求められた住民が大多数だ。一時帰宅したとき、瓦屋根や壁が壊れて雨漏りがしていることを発見した人も多い。「その補償はどうなるのか。保険会社に聞いたら、写真を持ってこいって。屋根に上って撮れって言うんだけど、一時帰宅の2時間じゃあ無理だよ」放射線量の問題もあり、住民が自宅に戻れる日はわからない。「3年ぐらいかかると覚悟しているよ」「でも仕事もない。ハローワークに行ったら、39歳以下の求人ばかりで」男性たちは口々に厳しい現状を語った。

原発震災で避難した住民の家屋は全壊並の補償を行うべきだろう。政府と東電は放射能被害の見通しを明らかにして、住民に先行きの見通しを示すべきだ。こうした基本的問題が一向に解決しない現状が続いている。「避難所はこの3カ月で3カ所目なのよ」と女性が嘆けば、横にいた高齢女性は「あら、私は5カ所目の避難所」と語った。「これか

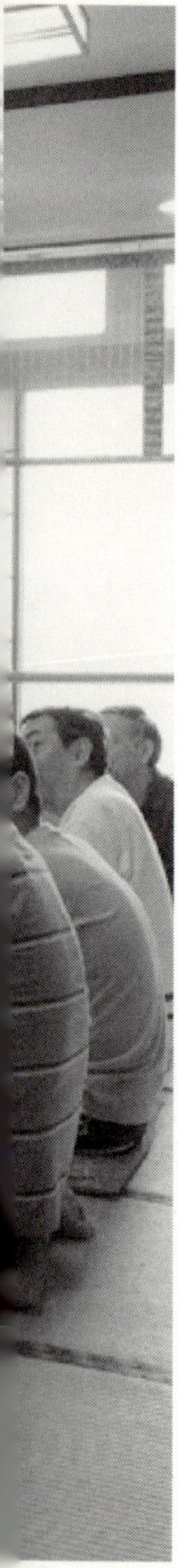

中ノ沢温泉で被災者たちの声を聞く

らのことを思うと眠れないんです」と涙ながらに語った女性の言葉が、避難民の気持ちを象徴している。家を追われた人たちにとって、いまいちばん必要なものは、金銭的補償や住宅の提供を前提とした将来への展望なのだ。

●ある被災者からの怒りのメール

4月下旬、未知の被災者からメールが届いた。ご本人の了解を得て、少し長いがそのまま引用する。

有田さんお疲れ様です。3月18日、陸前高田市についてお願いした者です。義母、姪が3月25日ようやく見つかりました。顔もまったくわかりませんでしたが、姪は最後までしっかりと鍵を握っていました。母は偶然にも入れ歯に名前があり、これで判断出来ました。

先日被災地に行きました。数百体の遺体は千葉県の火葬場で火葬されたと聞き、あきらめていました。被災地に住んでいた姉はこれで安置所を探し歩かなくていいんだねと言いました。

私は今政治について疑問と不安があります。各党は政府に協力すると言いながらそれどころか菅降ろしなどと批判ばかり。国民は心を1つにして助け合っています。政治家は批判、議論をしている場合ですか。小沢さんはこのときとばかりに登場して、岩手が大変なときに何も言わず。政権交代など後からにしてほしい。震災地では総理が視察に来たとき、涙を流して喜び、感謝したそうです。それは見捨てられてないという安心です。

原発被災の方々はまた違います。先の見えない不安といらだちです。何故各党は政府と協力し住民を説得しないのですか？　チェルノブイリを考えれば安全に戻れるには何年もかかると感じます。現に福島の方が言っていました。「わかっているんだ、ですが先の不安と落着いて考える空間さえもない」と言いました。

政治家がバラバラで批判しか言わない現状が信じられません。日本の政治は何かあればすぐ批判し政権交代ばかりいつまでも変わりません。失望しました。現地の自衛隊、警察、消防、命をかけて原発処理に戦っている人のように被災地で動いてみてほしいですが、話合い指示するのが政府なら各党の仕事は協力し全力で被災者を守ってほしい。TVでもどの場でもいいです、国民の声として伝えてほしいです。長くなりすいません。

有田さんこれからも頑張ってください。

政治的な評価については、いろいろとご説明したいことがある。しかし、何よりも問題なのは、この方も嘆いているように国会での議論の水準と行方である。真面目な議論ももちろん多いが、ただただ「揚げ足とり」や「重箱の隅を突っつく」議員も目につく。国会議員に選ばれた1人として何ができるのか。予算委員会が続くなか、正直に言って煩悶していた。

●大震災後の日本――「戦後」から新しい時代区分へ

国立国会図書館で白川静《しらかわしずか》『字統』と『大漢和辞典　巻7』を開いた。「災」という漢字を調べるためだ。かつて姜尚中《カンサンジュン》さんが「戦後70年はない」と言っていたことがある。日本は戦争が終わってから幸いなことに時代を大きく区分する出来事がなかった。姜さんは「新たな戦争」を意識して発言したのだと思う。その「戦後」という時代区分が「3・11」で終わった。

復興構想会議で議長代理を務めた御厨貴《みくりやたかし》さんは、東日本大震災を明治維新、敗戦に次ぐ転換点だとする。異論はあまりないだろう。原発問題を通じて私たちが当たり前のように暮らしていた生活も大きく変化を求められている。「脱原発」の方向もふくめての文明史的転換だ。

あのときから私個人の小さな生活においても変化がある。それまで読んできた書籍に目を通しても空々しい思いにかられることが多いのだ。大震災の現実が「作り物」を受け付けなくさせている。それに比べて敗戦直後を描いた作品が感性にぴったりする。たとえば戦中・戦後の混乱を鴨長明《かものちょうめい》の『方丈記』に重ねて描いた堀田善衛《ほったよしえ》の『方丈記私記』（ちくま文庫）である。『方丈記』には「その中の人、現《うつ》し心あらむや」との表現がある。安元三（１１７７）年の京都の大火に逃げ惑う人々の心中を鴨長明は「生きた心がしない」と記述した。堀田善衛は、この言葉を東京大空襲の渦中にいる人に重ね合わせている。大津波に襲われた東北の人たちもまた、「その中の人」であった。小説世界にもきっと大きな変化があるだろう。精神史の転換だ。

御厨さんは3・11以降の時代を「災後」と名づけた。「戦後」から「災後」へ。しかしどうにも語感や字体がよくない。結論からいえばなかなか納得できる漢字が見つからない。

２０１１年3月11日からはじまった時代を何と呼べばいいのだろうか。

第2章

ツイッターを駆使しての被災地救援

●日本人の仕事観、人生観を変えた大震災

東日本大震災から半年以上たった10月のある日、たまたま麹町のうどん屋に入ったら店のテレビがNHKの特集を流していた。何となしに見ているうちに、その内容から目が離せなくなった。今回の東日本大震災をきっかけに、家族と過ごす時間を大切にするため転職を希望する人が増えているという内容だった。民間の調査結果に基づいた番組で、年収が下がるにもかかわらず実際に転職した人たちが紹介されていた。

この不況である。いま転職を考えるのはかなり危うく無謀でもある。本当に転職まで考える人がそんなにいるのか。そのときは半信半疑だったが、のちにその調査結果を取り寄せてみて改めて驚いた。じつに転職を考えた人＝65％という数字が出ていたのだ。ある転職サイトが会員１３９３人に震災後の仕事観の変化についてアンケート調査をした結果である。

日本人の仕事に対する取り組みや考え方にまで何かしらの変化を及ぼしたのが今回の大震災だ。その調査によると、ある人は会社の売上達成のためにがむしゃらに働いてきたが、震災後は自分と家族の健康と絆をいちばんに考えるようになったといい、ある人は震災後、子供が不安を感じているのがわかるので家庭を優先しようという意識に変わ

ったという。

仕事は替えることができるが、家族の代替はない。

大震災をきっかけに、被災していない人たちの人生観・世界観も大きく変わった。やはり何よりも家族が大切だ、人間の絆が大切だ。そのためには転職だってありうるというのだ。これはじつに大切なことだと思う。しかも世のなかの風潮や世論の影響でこんな考え方が出てきたのではなく、1人1人の内面から個別具体的に出てきたのだ。マスコミも政治も、物事を一言で切り捨ててしまう、あるいはひとくくりで表現してしまうことがある。しかし、「それぞれ」の思いから出発した事実ほど重いものはない。

そのときふとあるシーンを思い出した。

私は大学に入ると当然のように学生自治会の部屋に出入りするようになった。当時の田中角栄内閣は小選挙区比例代表並立制を衆議院選挙に導入しようとしていた。自治会のメンバーで小選挙区制に反対する世論をどのように広げるかを議論したときのことだ。会議の最後に委員長が「何か質問はあるか」と問うた。1人が手をあげた。小選挙区制反対がテーマであるにもかかわらず、その男はこう訊ねた。

「あなたにとって幸せとは何ですか」

委員長は「ウッ……」と絶句したまましばらく言葉が出なかった。

この大震災は日本人の人生観そのものに大きな影響を与えた。まさに「あなたにとって幸せとは何ですか」が突きつけられたのだ。被災者ではなくとも、テレビの報道を見ることでも人生観・世界観が大きく揺さぶられたのである。

●強い揺れがこれまでにない長さで続いた

東日本大震災が発生したとき、私は参議院議員会館で机に向かっていた。つけていたテレビでは参議院決算委員会が中継されていた。画面からいきなり聞きなれない音がした。その後何度も聞くことになる不穏な調べである。眼を向けると東北地方に地震が来るとの警報が出されていた。「東京も少しは揺れるな」そう思ったことをとてもよく覚えている。

突然に大きな揺れが来た。驚いた。これまでに経験したことのない激しさだ。しかも治まらない。いつも開けっぱなしにしている隣室とのドアが音を立てて閉まった。部屋がミシミシと音を立てている。

窓から外を見ると近くのビルが大きく揺らいでいた。隣室には4人の秘書がいる。静かなのでドアを開けてみると、みんな机の下にもぐり込んでいる。揺れはまだ続いている。私も机の下に入ったが、どうにも落ち着かない。すぐに立ち上がり外を眺めていた。恐怖よりも何よりも言葉がなかった。なすべき術など何もない。ただただやり過ごすことしか思い浮かばないのだ。

やがて揺れが治まってからはテレビに釘づけとなった。津波が街に押し寄せる映像は、現実でありながら思考の枠を遥かに超えていた。そこに人がいる。激流のなかでいったい何が起きているのか。想像力の先には恐怖があり畏怖があった。私の脳裏に浮かんだのは少し前に見たクリント・イーストウッド監督の『ヒアアフター』だった。2004年のスマトラ沖地震で起きた巨大津波シーンは、そこに巻き込まれた人々の運命をあまりにもリアルに描いていた。まさにその場面が、いま画像の向こうで現実に進行している！

人間の想像力とは経験したことを出発点とするしかない。いったい誰がこの巨大津波のなかで進行していることを思い浮かべることができるだろうか。語ろうとして語りえないものがある。そのとき私たちには沈黙しかない。私はただ画面を見つめ続けるしかなかった。

その日、私たちは議員会館に泊った。電車はとまり、車も大渋滞だった。帰宅を断念した人、歩いて帰宅した人など首都圏のいわゆる帰宅困難者は数百万人に上ったという。

東北地方太平洋沖地震は日本での観測史上最大の規模マグニチュード9.0を記録し、場所によっては波高10m以上、最大遡上高40.5mにも上る大津波が発生して、東北地方と関東地方の太平洋沿岸部に壊滅的な被害をもたらした。地震動の継続時間は200秒以上。阪神大震災（1995年）や新潟県中越地震（2004年）は50秒から30秒だから、今回の地震がいかに長時間だったかがわかる。震災による死者・行方不明者は約2万人、建築物の全壊・半壊は合わせて27万戸以上、ピーク時の避難者は40万人以上。その後の原発をふくむさまざまな被害の発生は、いまだに連日報道されているとおりだ。

●ブログとツイッターで被災地に呼びかける

地震発生直後、あのすさまじい津波の様子をテレビで見てから、私は早く被災地の現場に入らなくてはとの強い思いにかられていた。国会議員として、そしてジャーナリストとして、何をおいてもそれが急務である。被災地がとんでもないことになっていることは容易に想像できたからだ。

しかし、民主党国会議員は現地出身でないかぎり72時間は「動くな」との指示が出た。まずは政府が対応する。被災地に入れば現地の行政も対応で混乱するとの判断だった。それはわかる。しかし、じっとしているわけにはいかない。何かをなさねばならない。私はベテラン議員に相談した。

「有田さんならではのやり方があるだろうから、いまはいろんな情報を入手して、それをインターネットで発信していくことじゃないでしょうか」

そのアドバイスを参考に、私は自分のブログとツイッターを通じて被災者のみなさんに「困っていることはありませんか」と要望を聞くことにした。大きな被害を受けているところとはなかなか通じないかもしれないが、ツイッターはわりあいに通じやすい。とにかく私から発信し、直接・間接に切実なご意見やご希望をいただき、それを政府や党の対策本部に反映していくことだ。

テレビを見るのさえ苦痛を覚えるが、被災者の想像を絶する深い悲しみを思えば、避けることなく直視しなければならない現実だ。阪神大震災を体験した精神科医の中井久夫さんの表現によれば「テレヴァイズド・カタストロフ」。テレビで見る「突然の大変動」だ。阪神大震災のときもボランティアや大量の援助物資を動員したのがテレビの影響だった。いまではネットやツイッターの力がきっと活用できる。私は最初にこんな文章を書いた。

いまではネットやツイッターの力も活用できます。被災地のみなさまからの御要望をメールあるいはファクス（03－6551－0416）で私にお寄せください。政府の対策本部に必ず届け、対処を行います。私で対応できることは被災地の行政に伝えていきます。これから長期にわたる闘いがはじまります。総力をあげて救出、復旧に立ち向かいましょう！

この文面をブログとツイッターで連日呼びかけた。被災地の人たちがどれだけ受けとめてくれるかわからない。どれだけ返ってくるかもわからない。

日曜日は国会が動いていないので、被災地に電話をして必要な課題などを聞いた。被災者と直接話をすると、ちょっとしたことで風評がふくれあがっていく様子がよくわかる。たとえば原発事故の被害がどこまで人間の生命に影響を与えるか。これは深刻な問題だった。マスコミはどこも書かなかったが、原発事故が起きたため、ある国会議員はただちに大阪に逃げてしまった。「放射能で東京が汚染される」との風評が根拠だった。最後の最後まで踏みとどまらねばならないのが国会議員である。国民の生命を守る仕事を与えられた者が真っ先に逃亡する。何とも情けない話だ。地元福島の住民は逃げることもままならず深い恐怖心とともに暮らしていたのである。正確な情報を迅速に知らせることは、いまに至る切実な課題である。

●無数の「佐藤さん」に救援の手を！

大震災とその後に襲ってきた津波の様子を見て、かつて家族で夏を過ごした八戸の街に思いを馳せた。私たちがいちど利用し、その後も時々交流のあったのが、宿泊できるレストラン「洋望荘」だ。震災から1週間たつが、経営していた佐藤一弘さん、チアキさん、中学1年生で寿司職人の元重君の消息が不明のままだった。

洋望荘は作家の椎名誠さんや『美味しんぼ』の原作者・雁屋哲さんも宿泊したことがある民宿で、種差海岸から歩いてわずか数分のところにあった。その立地から津波の被害をもろに受けたことは確実だ。通じないとわかっていながら何度も電話をした。そのたびにツーツーと虚しい音が聞こえてくるばかりだった。伝言ダイヤルにも録音はない。鮮明に浮かぶ3人の顔。私にとっての「佐藤さん」は、被災地を心配する全国の人たちの思いに重なった。

安否を確認する方法はないものか。ツイッターに佐藤一家の消息を求める書き込みを何度もしたが、誰からも返事は来なかった。念のためにメールも送っておいた。すると、しばらくして全員無事だという返信があった。住まいと宿は2階部分を残して津波で破壊されてしまった。避難所暮らしが続いているので、たまにインターネットカフェでメールを確認しているという。メールには「津波は、家族以外私の全てを飲み込んでいきました」と書かれていた。ガソリンがないので、インターネットカフェにもなかなか行けないという。優れた料理の才能があり、『美味しんぼ』（青森編）にも紹介されたほどの佐藤さんだから、必ず再起を果たされるだろうと確信した。

少しして佐藤さん自身が被災状況をブログに書いていた。1週間たってなお救助される人がいる。警視庁によれば当時、避難所に到達できない避難民は1万6000人。無数の「佐藤さん」に手を差しのべなければならなかった時期であった。

東日本大震災は阪神大震災に比べてとてつもなく被害の範囲が広い。神戸が被災したとき、取材陣のなかには大阪に宿泊して取材に向う者もいた。周辺地域は機能していたからだ。津波被害もふくめ、阪神大震災からの復旧の教訓が当てはまらないケースもある。だが被災した人間と社会の復興への普遍的教訓は多い。阪神大震災の経験では人間の気高い叡知が示されたことを忘れてはならない。それぞれが自分の責任で行動し、現場からの報告を受けてさらに被災地のために総力をあげる。「公」「私」を問わず、多くの組織や個人が無力感を克服しながら、東日本の被災者に心を向けていた。

●被災地からの要望を政府の対策本部に届ける

震災後1週間たったころだ。本会議の後で、同期13人（2010年夏初当選）で救援活動について話し合った。支援組織のある者、地元を持っている者、全国が選挙区の者など、行動形態は違っていても難局に立ち向かう意志は堅固だった。

早く現地に入りたいものの、なかなか条件が整わない。もどかしい思いを抱いたまま時間が過ぎていく。ブログで被災地からの要望を聞き、私にできることは独自に解決し、できないことは政府に届け、事態の改善と解決を要望した。毎日切実な知らせが届いていた。

宮城県亘理《わたり》郡の亘理小学校は避難民600人。1つのおにぎりを4人で分けるのが1日の食料で、水もガスもないという。岩手県花巻からは養鶏場を営んでいる方から家畜飼料が不足で、このままだとブランド白金豚も消えてしまうとメールが届いた。母親が不明という女性は、多くの方が遺体確認もできず、リストの公開もないと嘆いていた。「両親が見つからないからあきらめた。でも顔がわかるうちに会いたい。何とかしてほしい」と子供の悲しい声もある。「声なき声」ではない。悲痛な声は被災地に満ち満ちていた。

3月20日には九州の宮崎にいる女性からメールが来た。福島県の知人から田村市に支援物資が届かないとの知らせがあったという。田村市は福島県の中通り中部にあり、福島第一原発の西に位置する。原発事故では避難指示が出た半径20キロ圏、屋内退避が指示された20〜30キロ圏、何も指示が出ていない30キロ圏外の3つの区域に、市全体がまたがっている。

宮崎の女性に連絡を取り、現地近くにいる女性に電話をした。福島第一原発からの避難で5000人が退避しているが、食料や暖をとるための生活物資などが届いていないという。「殺さないでください」と悲痛な訴えを聞いた。一方でメールをくれた人が住む宮崎からのカイロは届いている。いったいどういうことだろうか。私はボランティアで現地に行くと申し出てくれたトラック運転手に連絡すると、「放射能が恐いから行くのはイヤだ」と言われた。

これらの情報を民主党の支援ボランティア準備室のメンバーになった同期の石橋通《いしばしみち》宏《ひろ》さんに連絡し、災害対策本部と官邸に情報を届けてもらった。ところがそれぞれの被災県の対策本部も通信回線が限られているので、なかなかつながらない。情報が届いても、優先順位があるだろう。いくら現地の「悲鳴」を届けても、フィードバックもなく、改善あるいは解決されたのかも不明のままだった。東日本大震災はあまりにも被災地の範囲が広い。被災各県に権限を持った政府の対策本部をただちに設置すべきだったと、いまでも思っている。

この日、福島県いわき市で被災した方からもメールをいただいた。

「小名浜港も通れるようになり物質が届いているようですが、家にいる人にはまだ届いていません。物資がなくて過ごすのは大変で、今は一日一食で暮らしています。水道は復旧し始めているようですが私の所はまだ出ません。ガソリンも昨日市長が何カ所かにタンクローリーが運んでくると言っていたのですが、すでにガソリン待ちの車が300台以上並んでいて入れられません」

被災地では避難所には救援の手が届いているようだが、ほかの方からの連絡でも自宅で過ごしている被災者への物資は不足しているという。自衛隊も救援から支援に比重を移しつつあった。その移行の理由が住民に知らされないと「見捨てられた」といった意見になっていく。正確な情報伝達が緊急の課題でもあった。

すでに被災地に入っている同期の田城郁《たしろかおる》さんから報告があった。「昨夜、JR貨物のガソリンや灯油を積んだタンク車が18両、盛岡駅に到着。40台のタンクローリーに載せて、被災地を中心に県内に向けて、輸送されました。こういう情報を県民に流すと落ち着いて、買いだめや長い列も緩和されると思います。宣伝活動、情報伝達、情報開示も、支援活動には重要ですね」。この報告も対策本部に届いていた。

難しいのはメールやファクスに書かれた内容が本当かどうかを確認することだった。みんなが本気になって心配し、奔走したにもかかわらず、結局内容が嘘で、だまされたこともあった。

●現場に行かなければ何もはじまらない

産経新聞が全国会議員に、被災地に行ったかどうか、現地にどれくらいいたか、何をしたのかというアンケートを取ったことがあった。その結果が報道されたという記憶がない。それがなぜかはわからないが、恐らく大半の国会議員はどんな形であれ、「行った」と答えているだろう。議員が行ったかどうかが国会で質問されたこともない。

国会議員が被災地に行ったか行っていないかの確認は取りようがない。大事なことは行くことではなく、行って何をしたかである。いわゆる視察という形で現地に赴き、行政の責任者あたりに話を聞いて、避難所などをちょっと見て帰ってくる国会議員はたくさんいるだろう。確かに「行った」ことにはなる。しかし、本当に「見た」ことになるのだろうか。

被災地に行かなければ、そして行動を起こさなければとの思いは日に日に強くなっていった。現場を見なければ、前に進めない。それはジャーナリストとして取材してきたときに学んだ経験が原点になっている。

子供のころからジャーナリストを目指していた私は、大学を卒業すると出版社に就職した。編集者として取材活動をしていたが、あるとき会社を首になり、フリーランスで仕事をせざるをえなくなった。社会に放り出されて1人で取材をするようになった結果、組織に所属しているのに比べれば大変なことは多いものの、私はそれまで自分が身につけてきた判断の基準が間違っていることに気がついた。

統一教会など問題ある組織に対する関心はもともと深く、学生時代からそれらに関するさまざまな本を読んでいた。フリーランスのライターとして1986年から仕事をはじめ、87年からは『朝日ジャーナル』で統一教会の霊感商法批判の記事を書きはじめた。93年にはオウム真理教の取材もはじめるが、フリーになる前の私は、統一教会やオウムは問題の多い組織だから、信者も悪い人ばかりだろうという認識だった。「この団体は悪い」という概念の規定があって、そこから出発して「そこに属する者も悪い人間である」と単純に判断する、つまり演繹《えんえき》的なものごとのつかみ方だった。

しかし、自分の足で歩き、何人もの信者や元信者に直接会ってみると、いい人が多いことに心底驚かされた。そういう人たちが人生のある狭間でたまたま問題ある宗教にかかわり、結果としてサリンをまいてしまった。そう考えるようになった。彼らの入信の動機はこの世の中をもっとよくしたい、自分がもっと健康になりたいといった前向きのものだった。視点を変えれば、自分だけでなく親友や子供たちでもそういった組織に入ってしまう可能性は十分にあるということだ。

私はこの事実に大きく気持ちを揺さぶられた。ものごとを判断するには先入観や偏見を捨て、まず現実を自分でしっかり見ることから出発しなければならない。つまり個別的な事例から一般的・普遍的な規則・法則を見出そうとする帰納法的な方法でないと、本当のことは見えてこない。私は考え方を変えた。取材方法の転換であり、いまでは国会活動の原点である。

大震災に関してテレビや新聞で報道されているものは参考にはするものの、大震災をとらえるには、やはり自分の目で見て、自分の足で歩いて、現地の臭いをかぎ取らないと真実は見えてこない。そして考える。そのとき実際に被災地に立ってものごとを判断しないと大きな誤りを犯すだろう――私はそう思っている。

撮影／長倉洋海

●自分で調べると意外な事実もわかってくる

千年にいちどといわれる大震災である。ジャーナリストとしても国会議員の立場としても、報告されたことがらがそのまま正しいと受け取る気はない。常に疑問の目を持ちながら、自分の足で歩いてこの震災をとらえていくしかない。

しかし、身の回りではそれに反することばかり起きている。国会議員になって1年半の時間がたつが、予算委員会の議論で「共同通信がこのような配信をしているが本当か」という質問がされたときにはびっくりした。またある議員は「こういうコメントがあるけれど、どうなんだ」と質問をした。そのコメントを調べると、なんと週刊誌の匿名コメントだったというお粗末な場面もこの目で見た。

報道やコメントがあれば、それを出発点として調査をしなければならない。その基礎作業をしなければ、「違います」「知りません」と言われれば話は終わってしまう。調べれば意外な事実が飛び出してくることもある。それが取材の面白さであり、いまの私の立場からいえば国会質問の醍醐味である。

つきるところは「調査なくして発言権なし」。

これは毛沢東が大きな間違いを犯す前に発言した言葉だが、誰が言おうともこれは正しい。きちんと調査をしなくて発言するのは間違っている。歩くこと、見ること、聞くことで発見があれば、自分の認識は修整され、鍛えられていく。

何としてでも被災地の現場に行かなければならない。大震災が起きてから私がジリジリした思いでいたたまれなかったのは、そうした思いがあったからである。

3月22日には朝から予算委員会が開かれ、野党各党の質疑が夜の6時ごろまで行われた。こうしたときに「ひと」がよく見える。社民党の福島瑞穂さんの原発についての質問は、8分間という短い持ち時間にもかかわらず、本質をついていた。

しかしもっとも印象に残ったのは、自民党の森まさこさんだった。福島県いわき市出身の森さんは質問の最初から涙ぐんでいた。驚いたのは10分以上の質問時間（参議院の場合は「片道」方式で、答弁時間をあまり気にせずにまるまる10分質問できる）、その声はずっと悲しみに満ちていた。この10日間に実感した故郷の惨状が身体全体に沈潜しているのだろう。「あれは演技だよ」などと口さがないことを言う議員もいたが、私にはそうは見えなかった。

3月24日は午後から法務委員会が開かれ、大震災適用の法律などについて質疑があったが、なかでも被災地の治安状況についての警察庁の報告が興味深かった。

被災地では事件などの大きな問題は起きていないという。ただし窃盗が多い。車や自転車がない状況のもとで、被災店舗からの窃盗や被災した車からガソリンが抜かれることがあるそうだ。地震発生からしばらくは110番通報が6倍にもなった。内容は「不審車両を見た」というものが多かったが、いまでは通報は通常の1、2割増し程度になった。

ほかには給油トラブルが多い。ガソリンを買うのにスタンドの前に10キロも並び、10時間もかかったそうだ。ガソリン事情は地域差もあるが改善されつつあった。住民からは「パトカーを見ると安心する」との声が寄せられているので、パトロールを強化する方針が警察庁から出された。

●外国人被災者の安否は報道の「盲点」

さまざまな情報が洪水のようにあふれるなか、日本に居住する外国人被災者のことがほとんど報道されていない。私はそれが気にかかっていた。石巻で被災した24歳のアメリカ人英語教師が亡くなったことが小さく新聞に載っていたくらいのものである。日本には相当数の外国人が住んでいる。被災地とて例外ではないだろう。東北にも工場などが多いから、労働力としてかなりの外国人がいるはずだ。

そんな疑問を抱いていたとき、法務委員会で江田五月法相（当時）が、被災地（青森、岩手、宮城、福島、茨城）にいた外国人は7万人だと発言した。正確な数字を法務省に問い合わせると、該当県のなかで災害救助法適用市町村に外国人登録しているのは7万5281人だとわかった。

警察庁に問い合わせると、岩手、宮城、福島の各県警で確認した外国人の死者は15人（3月28日午後5時現在）。外務省を通じて安否確認依頼がされているのは11人。被災した県警察（岩手、宮城、福島）で把握している行方不明者は267人（いずれも3月28日現在）。合計278人が確認されている外国人行方不明者だ。予算委員会で中野寛成国家公安委員長（当時）が報告したところでは、今回の被災者で身元確認できない遺体は2501人（国籍は日本以外の可能性もある。3月29日午前6時現在）に上る。

7万人の外国人のうち半数以上が茨城県在住だ。多くが工場労働者として働いている。しかし激震地域で暮らしていた約3万5000人の外国人の現状は十分に把握されていない。基礎自治体の機能が破壊された現状では、多くの外国人の安否も確認されていないのだ。ましてや不法滞在者は確認の仕様がない。

入国管理局によると、安否確認のための出国事実があるかどうかの確認は87件（3月24日現在）。入管は外国人の指紋、顔写真などのデータを把握している。遺体の人定については個人識別情報の提供を警察庁と協議していた。

被災地の外国人の安否についてブログで書いたところ、さっそくある新聞社から問い合わせがあった。その延長で外国人の出国についても調べてみた。街を歩けば、大震災が起きてから多くの外国人が日本を出たという話を聞く。東京・板橋のある会社で働いていた中国人女性は、原発の放射能放出を理由に経営者にも無断で帰国してしまった。中国人経営の池袋の中華料理店は閉まったままだ。調理人も店員もすべてが中国人で営む神保町の中華料理店に行ったとき、顔見知りの男性2人がいない。「どうしたの」と聞くと、「逃げた」の一言だった。

アメリカ政府は3月16日、東京電力福島第一原発から半径80キロ圏外に出るように自国民に指示を出した。大使館機能を関西方面に移転する国もあった。原発被害への恐怖心は日本人以上に外国人のほうが大きかった。

入国管理局によれば、3月16日は出国のピークで通常の12倍、約2万人が再入国許可を取って日本から母国へ戻っている。入国管理局の統計では、日本に滞在する外国人は

221万7426人（2008年末）。そのうち永住外国人（特別永住者39万9106人、一般永住者56万5089人。2010年末）約96万人は基本的に出国していない。この人たちを除くと約125万人。震災が起きた3月11日から約16万人強が出国しているから、約8分の1は日本を出たことになる。

もちろんフランス人、アメリカ人なども日本を出ているが、これまた原発の危険を理由としている。誇大な風評による影響もある。しかし外国では日本より「原発震災」（石橋克彦）への危機感が強いのだ。

その後、外務省によれば、11月11日現在で死亡が確認された外国人は32人。中国、韓国、アメリカ、カナダ、フィリピン、台湾、パキスタンの各国に加えて在日朝鮮人である。安否確認をしているのは32カ国だ。統計には現れることのない不法入国者もいるだろうから、いったいどれだけの外国人被災者がいるのか。その実相は明らかとなっていない。

東日本大震災　外国人死亡者数　（2011年11月11日現在　外務省外国人課報告）

	中国	韓国	朝鮮	カナダ	アメリカ	フィリピン	パキスタン	計
岩手県	2	1	1		1			5
宮城県	8	6	4	1	1	3		23
福島県						1	1	2
茨城県		1	1					2
合　計	10	8	6	1	2	4	1	32

東日本大震災による死者数の比較（東北4県＋茨城県）　（2011年11月15日現在）

	日本人			外国人		
	死者数	災難救助法適用市町村人口		死者数	災難救助法適用市町村人口	
青森県	3	261,661	0.0011%	0	937	
岩手県	4,660	1,330,530	0.3502%	5	6,033	0.0829%
宮城県	9,479	2,347,975	0.4037%	23	15,620	0.1472%
福島県	1,603	2,028,752	0.0790%	2	10,758	0.0186%
茨城県	22	2,596,608	0.0008%	2	41,933	0.0048%
計	15,767	8,565,526	0.1841%	32	75,281	0.0425%

※日本人の人口については、2010年国勢調査による数値である　※外国人登録数については、法務省入国管理局保有の外国人登録記録から抽出した平成23年3月現在の数値である

東日本大震災における被災地域の外国人登録者数及び出国者数

	外国人登録者数（注1）	出国者数（注2）
青森県	937	95
岩手県	6,033	1,303
宮城県	15,620	4,801
福島県	10,758	3,135
茨城県	41,933	6,944
計	75,281	16,278

（注1）「外国人登録者数」は、平成 23 年 3 月 13 日付けで厚生労働省が発表した「東北地方太平洋沖地震に係る災害救助法の適用について（第 7 報）」に基づく災害救助法適用市町村において、同年 3 月 15 日現在で外国人登録されていた者の数である。
（注2）「出国者数」は、上記「外国人登録者数」のうち、平成 23 年 3 月 11 日から同年 4 月 17 日までに出国した者の数である。なお、再入国許可を受けて出国した者が、同年 4 月 17 日までに同許可に基づいて再入国している場合は、「出国者数」から除かれている。（他方、再入国許可を受けずに出国し、4 月 17 日までに新規に入国している場合には、「出国者数」から除かれない。）

第3章

被災地の「食」——生産現場は訴える

わが子同然の乳牛を殺処分しなければならない現実

福島県飯舘村　酪農家・長谷川健一さん

ある国会議員の秘書から、福島県飯舘村の酪農家が死活問題を抱えていると聞かされた。原因は原発の事故だ。弁護士が生活補償もふくめて政府と交渉しようとしているから手伝ってほしいという。内容を聞くにつれ、とんでもないことになっていることがわかった。

飯舘村の酪農家は原発事故によってある日突然、それまで生活を分かち合ってきた乳牛を処分し、ふるさとを去ることを要求された。補償について何の約束もないままである。原発事故を起こした東京電力の責任ある補償と政府の原子力災害に対するあり方はどのような形であるべきなのか。まずは現地に行き酪農家の話を聞かなくてはならない。

飯舘村は福島県の東北部にあり相馬市と隣接している。内陸部なので津波の被害はなかったものの、東京電力福島第一原発から45キロの場所にあり、放射能漏れによる影響は深刻なものとなった。原発から20キロ圏の警戒区域の外側だが、土壌からは放射性物質が検出され、飯舘村は全域が「計画的避難区域」に指定された。計画的避難区域とは年間放射線量が20ミリシーベルトを超える恐れがあり、国が住民の避難を求めている区域だ。5月下旬をめどに全村民約6300人に対して避難が要請された。

その飯舘村で酪農を営んできた農家は11軒。避難要請が出ても酪農家は牛を置いていくわけにはいかない。しかも放射線の問題があるから、当初は牛の移動は認められていなかった。「育ててきた家族同然の牛を殺処分しろというのか」と強い怒りの声が起きていた。

5月15日、鍼灸ボランティアの一行と相馬市を訪れたとき、私は隣の飯舘村に足を伸ばした。放射線量が高く避難指示が出ているにもかかわらず、いまだ村に残っている酪農家の長谷川健一さんと田中一正さんから実状を伺うためだ。

飯舘村の入り口付近にはアイスクリーム屋などがあって、観光客でにぎわっていたが、車で村に入ったとたんに人の姿がなくなった。避難のめどは5月下旬だから、まだ2週間はあるのに、もう人っ子一人いないほどに見えた。青空の下、のどかな田園地帯が広がる。おそらく普段と何の変わりもない景色なのだろう。だが、眼に見えぬ放射性物質が降り注いでいる。私たちも途中から車の窓を閉めることにした。行けども行けども人の姿は見えない。とうとう長谷川さんの家に着くまで誰一人として姿を見ることはなかった。

長谷川さんご夫妻と田中さん、彼らの生活補償を政府に交渉する保田行雄弁護士にはじめて会って話を聞くことができた。前田地区に暮らす長谷川さんは58歳。飯舘村で生まれ育ち、父親から酪農を受け継いで35年になる。自身が飼っている50頭ほどの乳牛から乳を搾り、乳業メーカーに売って生計を立てている。家族は避難させるが、自分だけは村に残る理由をこう語った。

「牛に対する責任ですよ。最後の1頭がどうなるかまで見なければならない。それに区長だから、全員が避難するのを見守らなくては」

牛舎に案内していただいた。売却が決まった牛は立派な体格を保っていたが、殺処分される牛はやせ衰え、骨が浮かんでいた。牛も自分の運命を感じているのだろう。悲しげな黒い瞳が印象的だった。

田中一正さんは40歳。東京出身だが北海道で酪農を学んだ。栃木の牧場で10年近く働いたのちに飯舘村長泥で就農した。原発事故のため放射線量がさらに高くなった地区に

1人で暮らし、酪農を営んでいた。独身の田中さんにとって牛は家族同然。かわいがって育てた60頭ほどの乳牛は放射線量が高く、すべて殺処分せざるをえなかった。牛がかわいそうで見ていられないと言っていたが、殺処分する場所まで車に乗せていき、最後まで見届けた。淡々と語る田中さんだったが、この悲しさはいかばかりだっただろうか。

●毎日搾った乳を毎日捨てる悲しみと憤り

乳牛は毎日乳を搾ってやらないと乳腺炎になる。震災後も飯舘村の酪農家は毎日搾乳した。いい乳が出るようにと与えているエサ代は月に100万円以上するという。それだけ手をかけて育てて乳を搾っても、原発事故に伴う出荷制限があるから、すべて捨てなければならない。こんなバカなことはないという思いがあって自分たちで放射線量を調べると、6・5ベクレル。基準値は100だからまったく問題はない。念を入れてさらに調べても問題は見られなかった。

しかし弁護士とともに行政と交渉しても、出荷制限は解けなかった。自分たちで交渉して何とか出荷できるようにしたものの、飯舘の牛乳は危ないという風評被害に阻まれ、売ることはできなかった。

原発事故が起きてから1カ月の乳量分の補償は酪農組合からあった。組合が金融機関から借り入れて、支払ったのである。組合はその金額を東電に請求する。しかし問題は深刻だ。そんなものでは何の解決にもならないからだ。これからの仕事の見通しはまったく立たない。それは飯舘村だけの問題ではなかった。

わが子同然に育ててきた牛に十分なエサを与えることができず、優秀な牛がげっそりとやせて、結局別れなければならなくなった。牛を手放すのはつらい。5月9日から放射線量の多い牛の殺処分がはじまった。

直面していたのはこの「牛問題」だった。成牛は妊娠していると屠場で受け付けない。ところが残っている200頭ほどのうち半分ぐらいは妊娠牛だ。原乳の放射線量は問題ないから家畜商を入れて売却したいのだが、村からの移動は認められていない。住民は避難を求められながら、牛は移動を禁止されていた。その後、牛の移動は許可されたが、当初の処置が飯舘村の酪農家を追い詰めていった。

●生活費の補償ではなく賠償を

さらに長期的問題は仕事の再開の時期である。酪農は「休止」しなければならないが、再開のめどはまったく立たない。エサ代や必要経費を除き、借金をふくむ生活費を補償しなければ暮らしはなり立たない。このままでは転職をせざるをえないのだ。宮崎の口蹄疫では補償が行われた。しかし飯舘村の場合は精神的被害をふくめて営業損害を賠償しなければならない。補償ではなく賠償が必要なのである。

そんなさなか、隣の相馬市で酪農を営んでいた50歳代の男性が「原発さえなければ」と小屋の壁にチョークで書き残して自殺した。この男性も乳を搾っては捨てていた。6月初旬までに約30頭の乳牛を処分したという。男性は相馬市で暮らしていたが飯舘分会に所属していた。

生活の先行きが見えない状況では精神的にも金銭的にも追い込まれる。一般社会でも起こりうることだが、地震と原発に加え、風評被害が一挙に襲ってくれば、誰もがまいってしまう。自殺した男性の奥さんはフィリピン人で、子供と一緒に国に帰ってしまった。1人残され、悲惨な状況を抱え込み、どんどん崖っ淵へと追い詰められていったことは想像に難くない。私はこの事実を保田弁護士から知らされ、長谷川さんに確認を取ってからツイッターに書いた。いくつかの新聞社とテレビ局から問い合わせがあったのは、それが第一報だったからだ。

政府の対応として彼らの生活保障を根本的に行わなければならない。ふるさとを出ていかなくてはならない補償は東電がするが、将来的に自分たちがいつ戻ってこれるのか、その見通しを示すことが政治の責任である。自宅に戻り酪農を再開できる時期がはっきりしないかぎり、その間の生活をどうするのか、転職はどうするのか。東電をふくめて、生活保障をしっかり実施させる必要がある。

この現実をなるべく多くの人に知ってもらうために全議員に緊急集会を呼びかけ、長谷川さんと田中さんに東京まで来てもらった。現場で苦労している長谷川さんたちの話を聞くのがいちばんだ。参議院議員会館で行った集会には農政に強い議員などが参加して発言してくれた。そのおかげで説得力ある集まりになった。

その後、福島県酪農業協同組合が損害賠償協議会を通じて東電と交渉、とりあえず牛の損失額として１７００万円、生活補償として月額40万円（いずれも請求した額の約２分の１）が確保された。しかし、解決すべき問題は山積みだ。長谷川さんは現在、飯舘村の実態を訴えるために全国を飛び回っている。

長谷川さんがわが子のようにかわいがっていた牛。
自分の運命がわかるのか。

津波で流されたカキの養殖を再開する

宮城県気仙沼市　カキ養殖・畠山重篤さん

9月18日は竹村文近さんの鍼灸ボランティア一行と気仙沼に入った。有田事務所スタッフは前日に車で出発したが、私は新幹線で一関へ。車内では内山節さんの『文明の災禍』（新潮新書）を読んでいた。

ある部分に眼がとまった。気仙沼の唐桑町でカキを養殖している畠山重篤さん（68歳）のことが書いてあるところだ。畠山さんは1989年から「森は海の恋人」と提唱し、仲間たちと落葉広葉樹を山に植えてきた漁師だ。海と山と川は切り離せない。おいしいカキが育つのは、世界のどこでも汽水域である。川の水と海の水が混じり合う海で、山の上流の森から川を通して鉄分が流れてくる。カキのエサになる植物プランクトンが育つには鉄が必要なのである。

気仙沼も津波で壊滅的な被害を受けた。畠山さんの家は山の中腹にあったが、玄関近くまで水がやってきた。30メートルほど水が上がってきたそうだ。山ひとつ越えた介護施設で暮らしていた93歳の母親は津波で亡くなっている。この施設では多くの方が亡くなり、母親もその1人だった。

大震災からそう時間もたっていないときに、畠山さんは「それでも海を信じ、海とともに生きる」とメッセージを出していた。内山さんは「おそらく、津波との間で折り合いがついたのであろう」とこう書いている。

「もちろん、折り合いなどついているはずはない。多くの漁師仲間も町の人たちも亡くなった。お母さんは津波にのまれた。海辺の集落も消え、彼の養殖施設も崩壊した。どう考えても折り合いがつくような事態ではない」

ではどこで折り合いがついたのか。内山さんは「魂の次元」だと分析していく。私が宿泊した一関では、居酒屋探訪家である太田和彦さん推薦の「こまつ」で夕食を食べた。店主と話をしていると、料理に出すカキは畠山さんから仕入れているという。ここでも畠山さんだ。どうしても会おうと思った。

翌朝早くスタッフと気仙沼に向かう。仮設住宅での鍼灸治療は9時にはじまった。続々とみなさんがやって来る。竹村さんが出したばかりの『腰鍼—心身の痛みを断つ!』

（角川ｏｎｅテーマ21）を読みながら順番を待つみなさん。軌道に乗ったところで自治会副会長を務める鈴木利保さんの案内で畠山さんの自宅に向かった。なにしろ前夜に知ったばかりの畠山さんの存在だ。早朝に出発したからまったくのアポなし訪問である。

●奇跡的に助かった石巻のカキは成長中

気仙沼の市街地から壊滅した地区を通って山を越えた。地元民に所在地を聞いてたどり着いたのは、リアス式海岸の入り江が見渡せる小高い山にあるご自宅だった。残念ながら畠山重篤さんは上京して留守だったが、次男の耕さんが対応してくれた。名刺には「森は海の恋人」「牡蛎《かき》の森を慕う会」とある。「少し待っていてください」そう言われ、私たちは海辺を歩いていた。しばらくして下りてきた耕さんに「船に乗りましょう」と誘われ、入り江の中にある養殖場を見に行った。はじめての貴重な経験だ。日差しが暑い。

最初に見せてもらったのは被災後に養殖されたカキだ。いかだから海の中につるされたひもを引っ張り上げると、ホタテガイの殻に小さな「タネ」がいっぱいついている。ひとつの殻に20～30個ぐらいだ。これが成長してカキとなり、３年で収穫する。ひとつのひもから400個くらいのカキが獲れるという。

さらに入り江の奥に向かう。「奇跡的に助かった石巻のカキです」と説明された。1年半ほどたったもので、引き上げるとずっしり重たい。世界に誇る三陸のカキは、おそらく2012年の秋から冬にかけて収穫できるという。1つだけ心配なのは放射能汚染だ。いまは大丈夫だが、いずれその影響が出てきたらおしまいだ。ここにも原発に悩まされる人たちがいる。

耕さんに畠山重篤さんの『鉄は魔法つかい』（小学館）をいただいた。冒頭に「東北再生への希望」という小文がある。内山さんの「魂の次元」での「折り合い」とはこういうことなのだろう。少し長いが引用する。


「海面から十数メートルを越す濁流に蹂躙された海から、生きものの姿が消えていました。六十年も続けてきた、養殖業もこれで終わりかと思うと、絶望感だけが漂っていました。一か月ほどして、すこしずつ水が澄んできました。なにか動いています。目を近づけると、ハゼのような小魚です。日を追うごとに、その数がふえてきています。大津波によって海が壊れたわけではないのです。生きものを育む海はそのままなのです。

森・川・海のつながりがしっかりしていて、鉄が供給されれば、カキの養殖は再開できる。そう思ったとき、勇気がわいてきました」

この本は分類からいえば児童書だ。しかし、畠山さんが学者たちの協力を得ながら、カキ養殖の仕事のなかからつかんだ真理は、小さなカキから地球の誕生へと広がっている。この本を読んで、本当の知識とは何かを教えられた。私にとっては大震災の後に読んだ本のなかでも、もっとも強く印象に残った1冊である。

畠山さんは「復興オーナー」を募集している。一口1万円。復興したときカキとホタテが合計20個送られてくる。私も参加しようと思った。また、子供たちにカキやホタテの養殖現場を見せるツアーも企画している。農業体験の海版みたいなものだ。ゲーム全盛の時代に、カキが育つのを自分の体で感じ、自然の恵みによって私たちの生活がなり立っていることを多くの子供たちに知ってもらいたい。

●自然の摂理を信じて回復していく

養殖場を案内していただき、新鮮な驚きがあった。子供のときから場所は変われども都会で暮らしている者として、自然とともに生きる感覚がわからないことに気づいたからだ。畠山さんたちは苦境に陥り、絶望感にとらわれつつも、そこから逞《たくま》しく回復していく。その基本原理は自然の摂理を信じているからである。行政がたとえ何もやってくれなくとも、すべて自分たちの力で進めていく。

内山さんは「三陸の漁師たちのように津波をも自分たちの営みのなかに飲み込んでいく力強さを、われわれは失っていた」と書き、それを「現代文明の敗北」とする。都会に生活しながら畠山さんたちのような人生観、自然観を身につけることはできないだろう。ならばどうすればいいのか。いまから未来へと至る重い課題を突きつけられた。

仮設住宅に戻る途中で、案内してくれた鈴木さんがポツンと口にした。「そこが私の家でした」。目をやると住宅の土台だけが残っていた。全壊だ。鈴木さんは地震が起きたとき海辺にいた。奥さんのことが心配で自宅に戻ろうとしたが、途中で通行止めにあい、山に向かった。再会できたのは翌日だった。奥さんは自宅から車で駅の横にある小さな山へ逃げ、そこで自宅が流されるのを見た。やがて大きな漁船が住宅街に流れてきた。涙が出て身体が震えたという。現在2人は四畳半の仮設住宅に暮らしている。「狭いですよ。それに将来のことがまったくわからない……」義援金は200万円出ただけという。

気仙沼の養殖場で。引き上げるとたくさんのカキがついていた。

畠山さんの二男・耕さんと

命がけで船を守ったが、漁業再開のめどは立たない

福島県相馬市　漁師・吉田日出男さん

「来てもらってありがとう」

相馬市の漁師吉田日出男さん（63歳）に震災後の漁港やその周辺を案内してもらったあと、別れ際に言われた言葉だ。いまでも強く印象に残っている。ありがとうはこちらが発すべき言葉だった。では、なぜ被災者から「ありがとう」なのか。

そのときの会話は印象的だ。「ここらにはマスコミも来ねぇし、国会議員もだれも来ねぇんだ」そう言う吉田さんに、私は「本当ですか」と訊ねた。少し考えた吉田さんはこう語った。「あいつ来たっけな。でもイヨォと手を上げて、何もしゃべくんねでけぇーっていった」。ある総理経験者のことである。

「このひどい状況を見て。何とか頼むから」という吉田さんの勧めに、私は内心では「被災の状況はだいたい同じだろう」と思っていた。同じように悲惨な風景を目にすること

に、わざわざ行く必要もないのではと考えていたのだ。その思慮の浅さは、すぐに吹き飛ばされてしまった。

　吉田さんに最初に会ったのは5月15日。竹村文近さんたち鍼灸のボランティアグループと相馬市を訪れたときだ。市内の小学校に設けられた避難所で鍼灸治療をやっていたとき、声をかけてきたのが漁師歴50年の吉田さんだった。3代目だ。

　吉田さんに案内され、車で浜を目指した。まだ海が見えない道路脇に船が乗り上げている。しばらく走ると住宅の跡らしき空間が広がっていた。車をとめてもらう。震災から2カ月がたっているが、津波に襲われた場所は瓦礫が散乱し、生活の名残や思い出の宝が放置されたままだ。子供たちの写真、結婚式の写真、キャッシュカードなどなど。持ち主は生きているのか、亡くなっているのか。そこに人々の暮らしがあったことは、それらの品々ではっきりとわかるのだが、残っているものは無機質な住居の土台だけ。生活の痕跡があるのに、どうして保存をしないのだろうか、雨が降れば写真なども破損してしまうではないか……。行政の対応の遅れにイラ立ちを感じつつ、もし被災者が生存していたら、自分たちの宝のような思い出の数々を持ち帰っただろうと思えば、ここにいた人たちの運命に悲しみを覚えざるをえなかった。

石巻ではすべてのものがヘドロにまみれていたが、ここはそうではなかった。「この地元に生まれて市長になったんだから。もうつんとみんなのために頑張んねっか。わかんねべ」と吉田さんたちは怒っていた。

被災地のあり様は、それぞれの「顔」を持っている。自分たちが生活を営んできた土地がいかに破壊されたのか。それをマスコミや議員に見てもらいたい、知ってもらいたい。その熱い思いは時間をかけて話を聞き、現場を歩くことでしか理解できない。いや、それでも理解などできはしないだろう。しかし、それでも努力して理解へと接近しなければならないのだ。被災者たちは忘れられること、それ以前に「知られないこと」に悲しみを覚えている。吉田さんの感謝の言葉には深い意味があったのである。

●漁船を沖に出し、津波を乗り越える

本来、相馬の漁師にとって3月はうれしい季節だ。収入源であるコウナゴ（小女子）漁がはじまるからだ。一網で何十万円も稼ぐときがあるという。「んだから船方はやめられねぇんだ」と、吉田さんは言う。それも地震までの話になった。加工工場も全壊して、いまだ復旧の見通しが立たないところが多いからだ。

コウナゴ漁は朝暗いうちから船を出し、昼には戻る。地震が襲った時間は浜で翌日の漁の準備をしているところだった。地震の直後、吉田さんは車で自宅に戻り、家族を高台に避難させると再び漁港に向かった。漁師たちは自分の魚船に飛び乗ると、それぞれがたった1人で沖に向かった。この後に大きな津波が来ることはわかっている。岸壁に船を停泊させていたら、波にやられる。津波は岸に近づくほど高さと威力を増すから、船を守るにはできるだけ早く沖合に出すしかない。1隻で1000万円を超えるから、まさに生活基盤である。とにかく船を守ることだ。それが漁師の本能だと、吉田さんは言う。

沖合に出ると、前方に不気味な白波が立っているのが見えた。津波だ。壁のように迫ってくる。これを船で越えなければ巻き込まれる。波に向かって船をまっすぐに向け、エンジンを全開にして大きな波の壁面を上った。頂上に来たところで、今度はエンジンの出力を落として波に逆らわないように越えなければならない。ここで全開にしたままでは、波の向こうに勢いよく落ちて船はバラバラになる。

波は1枚、2枚と数えるそうだ。「1枚目の波はたいしたことねがった。2枚目、3枚目は言葉でやんにくらいもーのすごいうねりだった。こんで俺は、はー〝決まった〟

と思った」。運命が決まった、つまり死ぬと思ったのだ。それでも懸命に2枚目の波を越え、3枚目、4枚目と夢中になって越えたところで、はじめて無事だったことを実感した。早く沖に出た漁師105名は船と生命を守れたが、遅れた人は残念な結果となった。

3月11日はそのまま沖合で過ごした。翌朝、岸に向けて船で戻っていると、家の屋根が流れてきた。陸地ではとてつもないことが起きていることがわかった。陸に上がるとすべてのものが瓦礫と化し、吉田さんの家も破壊されていた。幸いなことに家族は無事だった。

●原発に近い海の魚を買う人はいない

10月16日は鍼灸ボランティアと2度目の相馬市訪問だった。私は再び吉田さんに海に沿った町や漁港を案内してもらった。最初に訪れたときから5カ月たつ間、瓦礫はほとんど撤去されていた。かつての商店街や住宅地はむき出しの土台だけが延々と続く。吉田さんの家も土台だけの姿をさらしたままだ。ここは居住禁止区域に指定され、もう戻ってくることもできない。

震災から2カ月後には散乱したままだった生活の痕跡も整理され、体育館に保管されているという。しかし、取りに来る主のない写真などは、そのまま帰ることのない被災者であることを示していた。悲しみだけが取り残されている。

12月18日に相馬市を訪れたとき、吉田さんの住む仮設住宅で話を聞いた。この時期は近海物のカレイなどが東北でも有数の水揚げ量を誇っていた。価格も高いから、漁港には活気があふれていた。「これはにぎやかな漁港だったなー」と吉田さんは懐かしそうに語る。命がけで船は守ったものの、地震と津波で岸壁や漁業関係の施設が破壊され、漁業再開のめどは立っていない。再開されたとしても、これだけ福島第一原発に近いところで水揚げした魚を買う人はいない。

吉田さんたちは漁船を出して、海に沈んでいる瓦礫を取り除く作業をしている。鉄製の太い棒に枝がついたものを海に沈め、ゴミや瓦礫を引っかけて持ち上げる。日当は1日1万２０００円だ。朝4時半に起きて6時に出港し、9時には港に戻ってくる。漁師が魚を獲らずゴミをとる日々が続いている。

「情けないんだ。早く魚を獲りでぇ」吉田さんは深いため息とともにつぶやいた。

かつては浜の繁華街だった場所で
吉田さんの説明を受ける。
いまは土台しか残っていない。
瓦礫はだいぶ撤去されたとはいえ、
港の近くはいまだ山になった状態だ。

岩手県陸前高田市で、津波に耐えて1本だけ残った松の木は、
「奇跡の一本松」と呼ばれ復興のシンボルになった。
さまざまな保存措置が取られたが、枯れて回復の見込みがなくなった。
いまはその松のタネから採れた苗木が育てられている。

第4章

大震災からの復興へ向けて

●大津波は4年前に警告されていた！

4月13日福島第一原発事故がチェルノブイリと同じ「レベル7」という最悪の評価となった。「レベル4」などと事故の過小評価を行ってきた経済産業省の原子力安全・保安院＝政府と東電の責任はきわめて重い。

その前日、ジャーナリストの知人から驚くべき記事をもらった。仙台在住の渡邊慎也さんが書いた「大津波への備え　自らの判断で命を守る」という記事である。2007年9月4日の『河北新報』に掲載されている。冒頭部分を読んで愕然とした。

「仙台東部に10メートル超す巨大津波／死者・行方不明者　数万人にも／逃げ切れず次々と波にのまれる／二〇××年×月×日、各新聞は号外にこのような大見出しを付け、未曾有の巨大大津波被害の惨状を報じる」

大震災と大津波が予言的にリアルに書かれている。これが4年も前に掲載されたものとはとても信じられなかった。

こうした警告があったにもかかわらず、「減災」に生かすことができなかったことは政治の責任だ。菅直人首相はそのころ記者会見で東日本の復興を語っていたが、欠けているのは日本全体の震災対策への視点である。

座標

大津波への備え

自らの判断で命を守る

近代出版史研究家
渡辺　慎也
（仙台市）

仙台東部に10㍍超す巨大津波
死者・行方不明者　数万人にも
逃げ切れず次々と波にのまれる

二〇XX年X月X日。各新聞は号外にこのような大見出しを付け、未曽有の巨大津波被害の惨状を報じる。

これはあり得ない話であろうか。否、二十一世紀中における仙台東部平野への巨大津波襲来の可能性は、歴史に刻まれた証拠を確認していくにつれ、真実味を増してくる。去る七月二十六日付の本紙は、「二千年前の津波痕跡発見」として、仙台市若林区荒井地内の弥生時代水田跡に、津波で運ばれた海の砂が層になっていることを確認したと報じている。

このような史実の物的証拠は、全国で初めてというが、歴史の記述によると仙台平野は、しばしば明治三陸津波を上回る最大級の津波により、耕土をさらわれていたという。先学の一人、飯沼勇義氏著『仙台平野の歴史津波』によれば、有史以来確認された巨大津波は

（1）七〇〇（不明）年ごろ
（2）八六九（貞観十一）年
（3）一六一一（慶長十六）年

の三回を数え、これに前述の新発見を加えると、《仙台平野を襲った巨大津波》は計四回にも及ぶことが分かる。

「そのような昔の話、当てになるか」と思われる読者もあろうが、一九九五年の神戸市街壊滅のとき、住民は「ここは地震のないところ」と信じ、無防備のつけを支払ったことを思い出してほしい。日本列島は、地震を生ずる大きな基盤の上にある。いつ、どこで地震が発生しても、また、それが大津波を誘発してもおかしくないのである。著者は「仙台平野にも大津波は必ず来る」という前提で、「自分の命は自分で守る」ことを踏まえた、日常行動の必要性を提起したい。

津波から命を守るには「てんでんこ」でいく。これは、三陸地方で多くの津波経験を経て生まれた教訓である。つまり、地震を感じた場合、「その場所で一人一人が、自らの判断で直ちに避難場所に向かうこと」を、最良だとしている。

このためには日常的な家族・近隣との話し合いが重要で、これを踏まえ自ら決然と行動することが可能となる。これは老若を問わず日々の自己訓練により体得するもので、行政等の指示待ちでは、己の命は絶対に守れない。スマトラやタイなどの津波映像を思い起こしてほしい。

直ちに行動しても、残念ながら避難場所に恵まれないことが、仙台東部の特性でもある。一面平野で三陸沿岸のような高所は少ない。七ケ浜の最南端から相馬地方まで、大津波を守る防波堤も皆無と言えよう。蒲生地区で高さ四㍍の工事が進められていると聞くが、それを超す大津波には機能しない。東部道路の築堤東側一帯は、大津波に翻弄（ほんろう）されること疑いないのである。また、名取川をはじめとする大小河川、並びに仙台港は、格好な津波進入路となってしまう。

これらの対策としては、被災予想地の一部住宅を「拠点避難場所」として高層化する必要がある。町内ごとに二十㍍の津波に耐え得るよう、八階建て以上の集合住宅を設け、弱者搬送の利便を図るとともに、最上階には津波防災設備を施した「地域民集合室」を設ける。

この施策を実施するに当たっては、諸法令の改正や国庫補助の問題もあろう。これらについては、東北各県選出全議員の活躍を期待してやまない。また、その仕様については建設業者の奮起を請いたい。地震と津波の予知は今のところ不可能に近い。とすれば、命を守る物心両面の取り組みこそ求められるのである。

河北新報　2007年9月4日付け

渡邊慎也さんは近代出版史研究家で、『仙臺文化』の編集人だった。なぜ、渡邊さんには地震と津波の予測が可能だったのか。ぜひともご本人に話を伺わなければならない。私はすぐに電話をして近いうちにお会いする約束をした。

5月4日の朝、仙台に向かった。渡邊さんは昭和6年生まれ。ほっそりした、いかにも編集者タイプの方だ。気さくにいろいろ答えていただいた。あれほど衝撃的な内容の記事にもかかわらず、問い合わせの電話をしてきたのはその当時は私1人だと聞いた。

なぜ予測ができたのか。それは過去の地震と津波の記録から周期を割り出したからだという。東日本大地震で大きな被害を被った仙台市若林区にある弥生時代の水田跡(沓形《くつかた》遺跡)で津波によって運ばれた海の砂が層になって発見されたこと、貞観《じょうがん》津波(869年)が記録されていることなど、過去には大きな地震と津波が起きている。そこから大津波の周期性を勘案したところ、数十年の単位まで絞り込むことができ、2010年に津波の再来があるとの確信を得た。渡邊さんがそれに気づいたのが2007年。あと3年しかない。あわててあの記事を書いたという。

この予測の確かさには驚くしかない。しかし、当時は記事に対してマスコミの反応はゼロ。掲載した河北新報ですら、その後の検証はされていない。ただし、北海道新聞が

9月24日付の「郷土史家の警告」というコラム（「今日の話題」）で渡邊さんの記事を紹介した。渡邊さんの主張を4年前に信用することはなかなか困難だっただろう。しかし、在野の研究家の警告を専門家はなぜ生かすことができなかったのか。そこには在野に対する学界の軽視、あるいは無視があったのではないか。他分野でも同じような対応が見受けられるのは「日本問題」でもある。

渡邊さんは「予防措置を講ずる時間は十分だった」と断言する。その根拠はこの20年間に様々な提言や警告がなされていたからだ。ここに紹介するのは、渡邊さんの眼にとまったものである。

1993・7・12
最近の地震活動から見て、地震空白域を「宮城県近海」とし注意喚起～大船渡市で開催の「津波シンポジウム」公演で～飯沼勇義著「仙台平野の歴史津波」1995年9月刊

1995・9・30

「宮城県沖の空白域は仙台平野に最も近い海域。ここを震央として起こる地震津波は、常識を越える巨大なものになることを理解してほしい」～飯沼勇義、前掲書55ページ

2001・6・30

「津波堆積物の周期性と堆積物年代測定結果から、津波による海水の遡上が800年から1100年に一度発生していると推定された。貞観津波の襲来から既に1100年余の時が経ており、津波による堆積作用の周期性を考慮すれば、仙台湾沖で巨大な津波が発生する可能性が懸念される」～東北大理学部大学院箕浦幸治「まなびの杜」No.16

2007・7・26

仙台市若林区荒井の沓形遺跡で、弥生時代紀元前100年頃の津波による砂の堆積層を確認。市教委と共同で調査した松本秀明（東北学院大学）は、「津

波の引き金となった地震の震源地や規模は分からないが、巨大な津波が内陸部にまで押し寄せたのではないか」と語る。～（仙台市教育委員会7月25日発表）「河北新報」

2007・9・4

「仙台東部に大津波は必ず来る」、「同地には高所がない。町内ごとに20メートルの津波に耐えられる8階建て以上の拠点避難場所を設けよ」～渡邊慎也「河北新報」座標欄

2007・10・26

産業技術総合研究所は、仙台平野で貞観よりも下層に二つの砂層を確認。「貞観以前の二回も同じ震源なら、千年ごとに貞観級の地震津波があったことになる。プレート境界地震は繰り返し発生するのが特徴、将来への備えが重要」と指摘。～「河北新報」

2010・夏
「宮城県から茨城県にかけて、いつ巨大津波に襲われてもおかしくない」と自治体担当者に警告。産業技術総合研究所（つくば市）、同研究所月報で～
2011・3・27「日本経済新聞」

渡邊さんは日本の官僚は新しい課題を見つけ、取り組むことが苦手なのだという。津波対策についても「いますぐ対処する必要はない。何しろ1000年にいちどのできごとだから」とすべてを先送りしてきた。行政と政治の怠慢である。原発事故も同様だ。巨大津波を想定していたならば、低所に置かれた予備電源を高所に移動していただろう。

●津波のときは「てんでんこ」の教えを守る

渡邊さんの短い論考のなかで眼にとまった部分がいくつかある。

津波が来たら自分の身を守るため、１人で状況を判断して１人で高いところに逃げる。「津波てんでんこ」（「てんでんばらばら」を意味する方言）だ。ほかの人を気遣ったり、探したりしない。自分だけが助かって親が亡くなったとしてもやむを得ないと割り切る。渡邊さんはこれを「不公平な親孝行」と表現していた。親を見捨てたという批判が出ないように事前に家族で十分話をして、津波のときは各自で逃げるという合意が必要だというのだ。

「津波てんでんこ」は東北地方の古くからの言い伝えだといわれてきた。ところがこの言葉は、昭和三陸大津波（昭和８年）を経験した山下文男さんが広めたものだった。平成２年に岩手県田老町で開かれた第１回津波サミットで山下さんが講演、「津波てんでんこ」が全国に知られることになる。山下さんが『哀史　三陸大津波』を出版したのは昭和57年である。「３・11」を陸前高田の病院入院中に経験した山下さんは九死に一生をえるが、12月13日に肺炎で逝去する。享年87。新聞の訃報では１行も触れられなかったが、山下さんは日本共産党の幹部として上田耕一郎さんとともに創価学会と交渉し「創共協定」を締結、1975年に公表されたもののすぐに死文化した。ちなみに協定の仲介者は作家の松本清張さんだった。

実際に「てんでんこ」で生命を守ったケースがある。岩手県釜石市にある14の小中学校の生徒3000人は山の方向に逃げて全員が助かった。「釜石の奇跡」が実現したのは日ごろの防災教育の成果である。

「直ちに行動しても、残念ながら避難場に恵まれないことが、仙台東部の特性でもある」「町内ごとに20メートルの津波に耐え得るよう8階建て以上の集合住宅」を設けるべきで「最上階には津波防災設備を施した『地域民集合室』」を置くべきとの提案にも眼がとまる。渡邊さんは「拠点避難場所」と表現している。「地域民集合室」は電源と通信機能を備え、食料、毛布、医療用品、簡易トイレなどを備蓄しておく。

東日本の復興防災都市構想については、住民から意見を公募すればいいという。かつて仙台は戦災復興率が1位（昭和24年）だった。そこでヒントになるのが仙台の戦後復興である。「焼け跡がすごいスピードで変わっていった。とくに青葉通りの広さには驚いた」と渡邊さんは回想する。市民の私権を制限してでも復興計画を進めた当時の岡崎榮松市長の強力な指導力があったからこそできたことである（私有地を没収された市民からの裁判が多発したが、その問題はとりあえずおいておく）。

岡崎市長が手本にしたのは、後藤新平だ。関東大震災の直後に組閣された第2次山本内閣で内務大臣兼帝都復興院総裁として震災復興計画を立案した後藤新平が、アメリカの都市計画家チャールズ・ビアードから「新しい街路を設定せよ。焼け跡に家を建てさせるな。建てさせてしまえば計画は無になる。鉄道駅を統一せよ」と電報でアドバイスされた手法を実行したのだという。

渡邊さんは、大津波の経験からすれば「避難所にもなる集合住宅は楕円形がいいだろう」とも提案する。もしも船などが流れてきても激突することなく逸れていくからである。海岸線から100メートルほど離れたところに幅150メートル、高さ30メートルの防潮堤になる道路を建設することも現実的だろう。住居はそこからさらに離れた土地に確保する。

大事なのは津波の被害をこうむった土地にはもう住まないことだ。今回水が上がったところは、また上がるのを前提として住宅は高い所に造ることが大切だ。高台移転である。

●高齢化社会に見合った復興計画を考える

宮城県石巻市の日和山から見た光景は見渡すばかりの廃虚だった。つい先日まで多くの日常生活が続いていた実時間の強力な破壊である。

海岸線に長く連なって広がる被災の空間。それをいかにして復興させるのか。江戸時代、地震災害にあったとき関西の民衆は「世直し、世直し」と唱えている。苦境を新生へのきっかけにしたのだ。そのためにはまず日本全体のなかで被災地が置かれている現状を出発点としなければならない。言葉を替えれば「少子高齢時代」における創造的復興である。

日本は人類史にもまれな高齢時代に入っている。人口に占める65歳以上の比率は平均で23・1パーセント（女性だけだと25パーセント。平成22年）。ところが岩手県は27・1パーセント、宮城県は22・2パーセント、福島県は24・9パーセント（いずれも平成22年）と被災地の比率は概して高い。医療技術の発達、経済成長による豊かな食料・福祉制度の充実などによって、日本はいままでに考えられなかったほど寿命が延びた。2050年には高齢化率が37・8パーセントになると予測されている。朝日新聞の調査でも死者の55・4パーセントが65歳以上の高齢者であることが判明している石巻を歩き、出会った被災者の方々に意見を伺った。ある高齢世代の男性はこう語った。「私たちはここで生まれ、育ってきた。これからどうなるかわからないが、この街を出るつもりはない。でも若い人たちは違うだろうね」。こうした意見が多い。高齢者は被災地に残り、若者は街を出ていく。そうした傾向は一時的には避けられないにしろ、それでいいわけはない。地震や津波を前提にした生命を守る復興はいかにあるべきか。

私は東日本の創造的復興は、これからの日本の将来を見とおしたうえで、先験的なモデル社会を建設すべきだと思っている。ここでは2つの構想を示したい。第1に高齢社会に対応した居住モデルを建設することであり、第2に「省エネ型」の医療、健康産業を誘致することである。

＜東日本大震災復興計画私案1＞

介護と医療が併設された住宅の建設を

私は2009年の衆議院選挙に東京・板橋区（東京11区）から立候補した。そのとき選挙区内の駅頭で毎朝7時から9時までビラを配り、ときにマイクで訴えることもあった。終わって大山にある事務所に戻るとき、いつも目にするのはお年寄りが車に乗せられデイケアに行く姿だった。毎日その光景を眼にするうちに、この人たちにふさわしい介護施設は何かと真剣に考えるようになった。

板橋区には高島平という団地がある。入居がはじまったのは1972年。日本に公団や団地が相次いで造られていく象徴であり、東洋一の団地として世界でも話題になった。若い世代が入居して団地は活気にあふれ、一時は3万人もの人が住んでいた。しかし、当時の30代は今では70代。団地の人口は半分になり、お年寄りの姿が目立つ団地になってしまった。初期に建設された棟はエレベーターがなく、年老いた住人がつらそうに上がっていく。建物が老朽化すれば、修理をしなければならない。いつかは造り替えなければならないときが来る。私はこの高島平に「高齢社会」のモデル住宅が必要だと考えるようになった。

日本は関東大震災、敗戦を通じて大きな復興が行われたが、その時代にふさわしい「居住モデル」は建設されなかった。例外ともいえるのが関東大震災後の復興で東京や横浜に建設された同潤会アパートである。近代日本で最初の鉄筋コンクリート集合住宅だ。とくに大塚女子アパート（小石川区、当時）は、エレベーター、売店、食堂、共同浴場、サンルーフなどを備えた最先端居住施設であった。ただしこれだけの設備に入居できるのは富裕層に限られ、広く社会的広がりを見ることはなかった。

高齢社会にふさわしい居住モデルとは何か。介護や医療施設が併設された集合住宅である。私が選挙区で見てきたように朝、迎えの車でデイサービスや病院などに行かなくても同じ施設にあるから移動はラクだ。保育所も設置することで「宅老幼所」（デイサービスと保育を同じ空間で行う。高齢者は子供から元気を、子供たちは高齢者の知恵をもらう）も運営する。

建築基準法の改正を伴わない「復興特区」とし、容積率を高め、建ぺい率を低くすることによって、高層住宅を建設する。周りには公園を配置。建物の下部に音楽や演劇などを行う舞台施設などの公共空間をつくる。映画館や高齢者が24時間好きなときに入れる浴場があってもいい。もちろん24時間の介護サービスを行う。住宅部分はお年寄りが緑の多い下の階に住み、上層階は若い世帯が入る。高層階を外資に売り、お年寄り対象の下層階の家賃を低く抑える方法もありうる。そんな街づくりだ。とくに東北は高齢化率が高いので、こうした住居を早急に建設する必要がある。

基本的には高齢者から若者や子供たちまでが「健康で文化的な最低限度の生活を営む権利」（憲法25条）を行使することのできる居住空間の建設である。高齢者が安心して暮らすことができ、若者たちや働く世代が地元に魅力を感じ、安定した雇用も生まれることによって都市部に移らなくてもいいような街づくりを進めていくことだ。

専門家によれば、これまでのマンションは「銀座でオーダメイドの服を注文するようなもの」という。つまり、必要以上に高い。部品の工場化、規格化をすれば、マンション建設費は三分の一で済むとの指摘もある。もちろんデザインなどは住民参加で決定していけばいい。

<東日本大震災復興計画私案2>

医療・健康・観光の拠点をつくり、雇用を創出する

第二に「省エネ型」産業の新たな誘致である。私がここ数年主張しているのは、がん治療に有効な先進医療である重粒子線施設を全国に展開することである。この医療技術のことを最初に聞いたのは、ある国会議員の秘書からだった。「有田さん、がんは治る

んですよ」と説明を受けたが、当時の私は重粒子線治療のことはまったく知らず、その漢字すらわからなかった。資料をもらって調べると、確かにがんの治療効果が高い。放射線医学総合研究所に取材に行き説明を聞いてさらに驚いた。

当時はまだ衆議院選挙の予定候補者だったが、産業構造の転換にもかかわる重要な政策テーマとして、引き続き調べていくことにした。しかし、私が重粒子線治療の全国展開を語り、あるいは文章にすると、放射線技師や外科医、あるいは保険関係者から思いもよらぬ抵抗を受けた。がん治療の現場にすれば、自分たちの領域が侵されると思ったのかもしれない。保険分野からは、高度医療をうたう外資系保険会社の手先のようにも批判された。私にはまったく理解できない。これまで「不治」と思われてきた病が克服されることは高く評価すべきだ。私は街頭でも屋内の演説会でも、このテーマについて語ってきた。多くの人たちが足をとめ、熱心に耳を傾けてくれた。

この課題を朝日新聞「私の視点」にも書いた。少し長いが全文を引用する。

〈私は昨年の参議院選挙を通じて、北朝鮮による拉致問題の解決とともに、先進医療を行う国際医療都市を全国展開すべきだと主張した。「生命を守る」政治である。世界に誇る日本の高度医療には重粒子線がん治療、再生医療、人工関節、情報通信技術を利用した遠隔医療システムなどがある。例えば、日本の年間総死亡者数の3割にあたる約35万人が死亡している(2010年)がんの場合を見てみよう。

千葉市のJR稲毛駅から10分ほど歩いたところに独立行政法人の放射線医学総合研究所(放医研)がある。高品質の重粒子線がん治療が1994年からここで行われている。固定された患者のがん患部にHIMACという治療装置で光速の80%程度に加速された炭素ビームを照射する。体表近くでもっとも線量が多くなるガンマ線治療と異なり、患部で線量が最大になるから正常細胞への障害も少ない。がん細胞を殺す力もガンマ線に比べて2~3倍と強力だ。

これまで約6000人が治療を受けた。前立腺がんの場合、16回照射なら1回の治療時間は20分ほど。第1期肺がんは1回に4方向からそれぞれ4~5分の照射で治療時間は1時間ほど。開復手術ではないから日帰りできる。いずれも5年後の非再発率は90%にのぼる。治癒率が向上すれば国民医療費の削減にもなる。この施設を小型化し、治療を開始したのが群馬大学の重粒子線医学研究センターだ。佐賀県にも九州国際重粒子がん治療センターが建設される。

こうした日本の先進治療技術の高度化と海外展開は、政府の新成長戦略の一つでもある。治療や検査を目的とした外国人の来日を促進するために渡航回数や滞在期限などを弾力化する「医療滞在ビザ」制度も1月からスタートした。

事業仕分けなどでムダを省く「富の分配」だけでなく、「富の創造」が必要なのだ。国外で医療を受けるために国境を越える医療ツーリズムは世界で広がっている。アジア諸国の受け入れ状況は、タイが128万人、シンガポール38万人、韓国6万人(OECD調べ、09年)などだが、日本は推計で200人弱に過ぎない。

放医研にはすでに中国やイタリアなど海外から治療に訪れる患者もいるが、開復手術をしないので家族などと観光をする患者も多い。重粒子線治療施設は人口1千万人あたり一つの施設が理想的だ。建設コストは約100億円。単純計算で日本に12施設を建設すれば、患者が宿泊するためのホテルなど新しい施設も周辺に建設され、雇用も生まれる。加速器は先進国で製作可能だが、照射技術、患者のケアのノウハウなど日本が世界を圧倒している。

先進医療の充実は、国民の生命を守ると同時に、海外から新たな需要を呼び込んで地域の産業構造を転換する道でもある。〉(2011年2月17日付け)

問題は健康保険が利かないから、治療には一律で314万円がかかることだ。しかし全国にこの施設が建設されれば、保険適用が可能となり、患者負担も少なくなる。トータルで見れば、抗がん剤治療を続けるよりも治療費は安くなる。総医療費を抑制することにもつながるはずだ。

この重粒子線治療施設を東日本大震災の被災地に建設する。規模は群馬大学の重粒子線医学研究センターと同程度だ。ちなみに放射線医学総合研究所HIMACは毎時約3・4メガワット、群馬大学の小型装置は毎時約2・5メガワットである。ちなみに東日本大震災以後、放医研では治療を朝6時から昼までに制限して電力消費を抑制していた。

東日本の被災地に重粒子線治療施設を中心にした医療・健康の拠点都市を建設する。ホテルや商業施設も併設して雇用を創出する。東北は温泉や伝統芸能などの観光資源が豊富で、食べ物も美味しい。医療・健康と観光を結びつける新しい都市づくりである。

アメリカのニュージャージー州に心臓バイパス手術で有名な病院があり、そこは世界中からやって来る患者のためにホテルや商業施設が建設され、2万5000人の雇用を生み出したという。まさにこれが手本だ。そして私が第1にあげた「高齢社会の居住モデル」建設とも連動していく。

重点は住民が希望を抱ける産業を誘致することである。そして日本が誇る重粒子線治療の技術とノウハウを世界に輸出する。「高齢社会の居住モデル」もこれから高齢社会を迎える中国、インド、中東などに輸出する。こうして「富の分配」から「富の創造」を行う新しい日本をつくっていく。「日本アポロ計画」だ。背景に軍事目的があったとはいえ、ケネディ大統領のもとで「人類が月に行く」という国家目標を打ち出したことは、アメリカ国民の精神を鼓舞し、団結させた。

東日本大震災の復興をてこにして、21世紀日本の国家目標を明らかにしていく。とくに高齢社会のビジョンを現実のものにしていくことである。「わたしたちの町は、わたしたちがつくる」という「フツー人の誇りと責任」（井上ひさし）で、東日本の復興を進めていこう。

●さらなる地震への対策と備えを

最後にもう1つの重要な課題に触れておく。いずれ発生が予想される東海・東南海・南海連動型地震や首都圏直下型地震への対策である。大津波を予想した渡邊慎也さんはとくに首都圏の備えを心配する。車で逃げようとする人が道路の陥没などで動けず、火災発生によって想像もできないほどの被害がありうることだ。沿岸の水没、地下のガス管の破壊なども予想される。国会でも論議が続いている首都機能の分散は現実的課題である。

２０１１年10月15日に静岡市で日本地震学会がシンポジウムを開催した。研究者は巨大地震で最大でもマグニチュード８級を想定してきた主流の学説や観測データによる「思い込み」を反省し、これからは世界で起きたこともないマグニチュード10も否定せずに検討すべきだと発言している。「地震学の大きな敗北」への反省である。

起きてからの対応ではなく、備えが必要だ。それが２０１１年３月11日に発生した東日本大震災がすべての日本人に問うている深刻かつ現実的なテーマである。私たち政治家の責任は第一義的に日本人の生命と財産を守ることだ。私もその１人として今後も職責を果たしていく。苦悩をつきぬけて歓喜に至れ！（ロマン・ロラン）

第十八裕生丸

有田芳生（ありた・よしふ）

1952年京都生まれ。参議院議員。ジャーナリスト。

2007年まで日本テレビ系の『ザ・ワイド』に出演。

著書に『私の家は山の向こう　テレサ・テン十年目の真実』（文藝春秋）『「コメント力」を鍛える』（NHK 生活人新書）など多数。

何が来たって驚かねえ！
大震災の現場を歩く

2012年2月1日　初版第一刷発行

著者……………………有田芳生
発行者…………………井田洋二
発行所…………………株式会社 駿河台出版社
〒101-0062 東京都千代田区神田駿河台3丁目7番地
電話 03-3291-1676（代）
FAX 03-3291-1675
http://www.e-surugadai.com
振替東京………………00190-3-56669
製版所…………………株式会社フォレスト

ブックデザイン………門口真樹（スタジオ ゲイト）
エディター……………柴本淑子
コーディネーター……佐々木憲二
校正……………………情報出版
ディレクション………石田和男

ISBN978-4-411-04021-3 C0095